TANIA DI MASSIMANTONIO

APRI IL TUO COMMERCIO

Come Districarti nella Giungla Normativa e Scegliere l'Attività che Fa per Te

Titolo

"APRI IL TUO COMMERCIO"

Autore

Tania Di Massimantonio

Editore

Bruno Editore

Sito internet

http://www.brunoeditore.it

Sommario

Introduzione   pag. 5

Giorno 1: Come districarti tra le regole   pag. 7

Giorno 2: Come muovere i primi passi   pag. 50

Giorno 3: Come si commercia su area privata   pag. 88

Giorno 4: Come si commercia su area pubblica   pag. 125

Giorno 5: Come sono regolate le vendite   pag. 158

Giorno 6: Come si vende in modo "speciale"   pag. 192

Giorno 7: Come funziona la sanzione commerciale   pag. 236

Conclusione   pag. 269

Siti e normativa   pag. 273

Introduzione

Il commercio è un sistema distributivo di beni e per distribuire occorre uno spazio. In pochi decenni questo spazio è passato dal piccolo banco del mercato, alla bottega, al negozio, al supermercato, al mega centro commerciale. Alle sedi centrali si sono aggiunte le succursali, i piazzisti, i rappresentanti e gli agenti di commercio e, accanto a quello reale, si è aperto anche uno spazio virtuale. Parallelamente si è estesa a dismisura pure la normativa…

Ma, quando qualcosa si espande, c'è sempre qualcos'altro che si disperde: il valore dello scambio, collegato alla "traditio", alla "datio" di un bene, che è quasi un rito di passaggio da un uomo a un altro uomo, in una relazione di spontaneità e di fiducia.

Si è dissolto il principio per cui «io affido a te questo bene che ho avuto, perché tu te ne serva per l'uso che hai deciso e ne conservi in te l'esperienza per ciò che hai apprezzato». È il principio che solo Joe Vitale ha saputo riprendere e porre alla base di un nuovo tipo di commercio, il commercio spirituale, riscoprendo l'elemento immateriale della relazione di scambio: il fluire di energia dalla Fonte all'individuo e, da questo, ai suoi contatti, senza limiti di tempo e di spazio.

Se vuoi aprire il tuo commercio tieni sempre a mente questo principio e segui attentamente i passi dei 7 giorni di questo ebook!

GIORNO 1:

Come districarti tra le regole

La prima regola da afferrare è che esiste un commercio "usuale" e un commercio "speciale", di ampiezza diversa. Delle speciali forme di commercio ti parlerò più avanti; per ora concentriamoci su quelle consuete.

C'è una sostanziale differenza tra la definizione legale e quella comune di commercio. Comunemente, per esempio, l'espressione "essere nel commercio" è usata in modo molto generico e rimanda a una serie di attività molto diverse tra loro: dall'albergo al ristorante, dall'agenzia di viaggi al distributore di carburante, dal negozio di abbigliamento allo spaccio alimentare, solo per citarne alcune.

Obiettivamente in ogni attività citata è ravvisabile un commercio, uno scambio di prestazioni di beni o servizi a fronte del pagamento di un prezzo e, quindi, una vendita, ma la legge (il **D. Lgs. 114/98**, cosiddetto **decreto Bersani di riforma del**

commercio) distingue tra chi vende e chi commercia, ossia "rivende". Il commerciante, per legge, è una figura tipica che storicamente si è distinta in commerciante all'ingrosso e al dettaglio.

Il **commerciante all'ingrosso** è colui che professionalmente acquista merci in nome e per conto proprio e poi le rivende ad altri commercianti, a utilizzatori professionali o in grande. In altri termini, acquista dal produttore/fabbricante dei prodotti materiali finiti (risultato finale di un processo di produzione/fabbricazione/lavorazione), e, senza apportarvi modifiche, li rivende ad altri commercianti.

Non commercia direttamente con i consumatori finali, a meno che non si tratti di utilizzatori professionali o in grande, cioè con persone che acquistano in grosse quantità per l'esercizio di un'attività di scambio, di produzione di beni o servizi, per un'arte o professione o per la conduzione di associazioni, comunità, convivenze, cooperative di consumo.

Il **commerciante al dettaglio** è colui che professionalmente acquista merci (dal grossista, dal produttore o anche da privati) in nome e per conto proprio e le rivende direttamente al consumatore finale, cioè al privato, che le utilizza in modeste quantità per il proprio consumo personale, senza dare luogo a ulteriori passaggi.

Caratteristica essenziale è che **il commerciante non interviene sul prodotto**: la creazione o la preparazione di un prodotto a scopo di vendita è propria di altri soggetti, come l'artigiano, l'artista, l'inventore, il produttore agricolo, il cacciatore e il pescatore, il gestore di un bar o di un ristorante. In tutti questi casi abbiamo un intervento diretto e materiale sul prodotto inteso a trasformarlo, a renderlo diverso, ciò che invece nel commercio non avviene.

Il commerciante si pone infatti come semplice intermediario nello scambio di beni, mette a disposizione del consumatore il prodotto così com'è, così come egli stesso lo ha acquistato. Il suo margine di intervento sta in altro: nella posizione del suo negozio (in centro o fuori città), nei comfort che offre (parcheggio, aria condizionata, angolo giochi per bambini, bancomat, bar, ristorante ecc.), nella specializzazione o, al contrario, nell'assortimento delle merci, nell'esposizione, nell'accostamento e nella composizione dei prodotti, nell'organizzazione in settori o reparti, nell'assistenza al cliente, nella consegna a domicilio, nella concessione di credito. Un margine, questo, che intende ricompensare con la differenza tra costi e ricavi delle vendite.

Altra caratteristica è che **il commercio si pone come un servizio (di distribuzione e rifornimento), ma non riguarda i servizi**, riguarda solo ed esclusivamente le merci. Non sono perciò attività commerciali quelle che riguardano: trasporti, viaggi, telecomunicazioni, assicurazioni, credito, intermediazioni, fornitura di energie, spettacoli, acconciature, estetica, ristorazione, alberghi e simili.

SEGRETO n. 1: il commercio, sia all'ingrosso che al dettaglio, si configura come una rivendita di beni e non riguarda mai i servizi.

La regola è semplice, ma la realtà è piuttosto varia e complessa. Alcuni casi possono creare dei dubbi. Come possiamo distinguere con certezza un'attività artigianale da una commerciale?

Perché un'attività sia definibile artigianale occorrono tre requisiti:

1. Bisogna possedere la qualifica di artigiano, che deriva dall'iscrizione nell'Albo Provinciale degli Artigiani.

2. La vendita deve riguardare beni di produzione propria, cioè beni che sono il risultato di una propria lavorazione o trasformazione. Così, per esempio, chi adatta delle lenti a una montatura di occhiali non svolge attività artigianale, perché non fabbrica né le lenti, né la montatura, ma si limita a unirli. Allo stesso modo, chi acquista auto da demolire e ne smonta i pezzi di ricambio non svolge attività artigianale, ma commerciale, perché si limita a separare le parti utili da un'auto per rivenderle al consumatore finale. Rientrano nella vendita anche i beni accessori (per esempio i gancetti di una cornice o di un tendaggio, l'applicazione di pelliccia su un capo di sartoria, un certo tipo di materiale per la stampa di fotografie), purché strettamente necessari per il risultato finale.

3. La vendita deve avvenire nei locali di produzione (negozio, laboratorio, abitazione) o nei locali a questi adiacenti, cioè vicini, in comunicazione, in contatto. Non sono vicini, per

esempio, un locale al primo piano e uno al terzo, pur essendoci la comunanza delle scale.

Se non ricorrono queste condizioni (ognuna di queste), siamo di fronte a un commerciante, poiché non è possibile sapere se i beni venduti sono stati prodotti direttamente o semplicemente acquistati da altri produttori. Di fronte a due locali distanti, non possiamo sapere se si tratti di un'unica attività o di due attività diverse: ciò che appare ai clienti è un locale di produzione, da una parte, e un locale di rivendita, dall'altra.

Se l'artigiano, oltre a vendere i propri prodotti, vende anche quelli altrui, diventa in parte commerciante. Deve trattarsi però di una minima parte: l'attività prevalente deve rimanere sempre quella artigianale.

Nella vendita rientra anche una limitata somministrazione. Per somministrazione la legge intende "la vendita di alimenti e bevande che vengono serviti per il consumo sul posto, in un locale debitamente attrezzato allo scopo".

Se un artigiano si limita a somministrare di fatto (es. una gelateria che vende i gelati o una gastronomia/pizzeria che vende dei piatti pronti, panini, pizza al taglio), senza predisporre particolari attrezzature per il consumo (tipo tavoli, sedie, carrelli per vivande ecc.) e senza provvedere a un servizio personale rivolto al cliente (servizio al tavolo, tovagliato, posateria ecc.), per legge non somministra, ma vende.

Diversamente siamo di fronte a un'attività di "somministrazione", che, come l'attività commerciale, deve essere residuale, non deve cioè prevalere sull'attività artigianale.

L'**agente di commercio** è un commerciante? No, è il collaboratore di un produttore o di un commerciante, che viene incaricato di promuovere o concludere la vendita di prodotti in una o più zone stabilite. È sempre un imprenditore, coinvolto nella compravendita di merci, ma non di carattere principale, bensì "ausiliario".

Invece il concessionario di auto, che potrebbe essere scambiato per un agente di commercio che agisce per conto della casa automobilistica produttrice, in realtà è un commerciante, perché acquista in nome e per conto proprio dal produttore per rivendere auto al consumatore finale.

Il gestore di una **galleria d'arte** com'è considerato? Il gallerista si occupa di esporre delle opere d'arte e svolge di base un' attività di servizio, di intermediazione simile a quella delle agenzie di affari. All'esposizione naturalmente può seguire la vendita e, in tal caso, siamo di fronte a un commercio, se si tratta di vendere opere altrui, o a una normale vendita, se le opere vendute sono le proprie.

E chi gestisce una **casa d'asta**? In questo caso siamo di fronte a un intermediario che si occupa della valutazione e pubblicizzazione di beni e si incarica di venderli all'asta dietro apposito compenso o "commissione di vendita". A quest'ultimo si aggiunge poi il compenso del compratore o "commissione d'acquisto", in caso di vendita andata a buon fine.

La casa d'asta non va confusa con l'I.V.G. (Istituto Vendite Giudiziarie), che si occupa anche di aste, ma svolge principalmente un'attività ausiliaria a quella del giudice nelle procedure esecutive e fallimentari. Svolge un incarico di pubblico servizio e segue quindi le norme del codice di procedura civile e della legge fallimentare.

Un'**associazione** può svolgere un'attività commerciale? L'associazione è un complesso organizzato di persone interessate a un'attività comune, come la società commerciale, solo che quest'ultima ha uno scopo di lucro, mentre la prima è senza fini di lucro.

Ora, com'è possibile lo svolgimento di un'attività commerciale da parte di un'associazione? È possibile purché non vi sia la distribuzione di utili agli associati. Il ricavato della vendita deve essere reinvestito in beni, servizi e attività utili all'associazione. Per esempio, un'associazione sportiva che vende articoli sportivi deve utilizzare i ricavi per la manutenzione dei campi di allenamento, per l'acquisto di nuovi attrezzi ecc.

Associazioni molto importanti sono i GAS (**Gruppi Solidali d'Acquisto**) e i GAP (**Gruppi Popolari d'Acquisto**). Si tratta di gruppi di consumatori che acquistano prodotti in grandi quantità, soprattutto prodotti locali, biologici, naturali e di stagione, preferibilmente da produttori conosciuti della zona, e li distribuiscono agli associati, in modo da garantire loro prodotti di qualità a basso costo.

Assomigliano ma si distinguono dalle **cooperative di consumo**, che sono società commerciali particolari nelle quali lo scopo mutualistico (fornire beni ai soci a condizioni più favorevoli rispetto al mercato) prevale sullo scopo di lucro. Si tratta di società che necessitano di capitali, poiché acquistano grandi quantità di beni di comune interesse, ottenendo condizioni d'acquisto migliori dai produttori o grossisti, che poi rivendono ai soci, distribuendo anche un minimo di utili.

Perchè è così importante inquadrare bene la figura del commerciante? Perché a questo si applica la disciplina propria del commercio riguardo soprattutto a: l'orario di vendita, la denuncia o la domanda di autorizzazione al Comune, il possesso dei requisiti morali e professionali.

SEGRETO n. 2: è basilare inquadrare sin dall'inizio il tipo di attività che si intende svolgere. Da questo, infatti, discende l'applicazione della legge appropriata.

Alcune attività, pur svolgendo un commercio di beni, non sono tuttavia ritenute attività commerciali. Perché? Perché si tratta di speciali concessionarie di vendita. Esaminiamole insieme una alla volta.

La **farmacia** è un'attività mista di rivendita di medicinali di produzione industriale ("specialità medicinali" o "medicinali generici", prodotti da imprese debitamente autorizzate dall'Agenzia Italiana del Farmaco e immessi in commercio da grossisti ugualmente autorizzati) e di vendita di medicinali preparati dal farmacista (i c.d. "preparati galenici").

Si distingue poi tra farmaci soggetti a prescrizione medica (OP, c.d. "farmaci etici") e farmaci non soggetti a prescrizione medica (SOP, tra cui i medicinali "da banco" o di "automedicazione", o OTC, Over the Counter). Gli OP e i SOP possono essere rimborsati dal Servizio Sanitario Nazionale, a seconda della classe di importanza, gli OTC no.

Si tratta di un'attività contingentata, vale a dire che il numero delle farmacie è prefissato dalla Regione. La Giunta Regionale provvede infatti a formare la pianta organica delle sedi farmaceutiche, in base al numero di abitanti dei Comuni, e ad aumentarla o ridurla a seconda delle esigenze; dichiara quali sono le nuove sedi o le sedi che si sono rese vacanti e indice i concorsi per la loro assegnazione a privati e Comuni.

Una farmacia pertanto può essere acquisita solo a seguito di concorso, di vendita o di successione ereditaria e solo da parte di soggetti con una determinata qualifica professionale: quella di farmacista. Si diventa farmacisti dopo il conseguimento della laurea in Farmacia o Chimica e Tecnologia Farmaceutiche e dopo il superamento di un esame di Stato che dà diritto all'iscrizione all'apposito Albo professionale, condizione essenziale per poter operare.

Il titolare della farmacia deve esserne anche il gestore; non è consentita la gestione da parte di un altro soggetto. Titolari/gestori possono essere personalmente i farmacisti, le società di persone o le società cooperative di soli farmacisti; non sono ammesse società di capitali. Per le farmacie comunali viene nominato un farmacista direttore a seguito di concorso. Per avviare l'attività occorre in ogni caso l'autorizzazione dell'ASL.

Le farmacie possono vendere i generi loro propri (farmaci, preparati galenici, dispositivi medici) e i generi annessi elencati nel D.M. 375/88, come prodotti dietetici, prodotti per l'igiene e la cura della persona, articoli sanitari e per neonati, disinfettanti. Per i "generi annessi" si parla di commercio vero e proprio.

La **tabaccheria** è la rivendita dei c.d. "generi di monopolio", come tabacchi, cerini, fiammiferi, accendini, valori bollati e postali, sale comune da cucina e sale iodato (tenuto conto che la vendita del sale è stata liberalizzata e quindi il sale può essere oggi venduto in qualunque negozio di alimentari).

Si tratta anche qui di un'attività contingentata, poiché il numero delle rivendite viene definito dall'Amministrazione Autonoma dei Monopoli di Stato (AAMS), che procede all'assegnazione in gestione mediante asta pubblica. Il contratto di gestione ha durata di 9 anni, comporta il pagamento di un canone e può essere rinnovato e ceduto, con l'autorizzazione dell'AAMS.

Le rivendite sono tenute a rifornirsi dai Depositi dei Monopoli e devono essere gestite personalmente dagli assegnatari. Per la gestione occorre comunque la licenza dell'AAMS o la sua autorizzazione, in caso di voltura.

Oltre ai generi di monopolio, le tabaccherie possono vendere anche generi annessi, come articoli di cancelleria/cartoleria, bigiotteria, articoli di toeletta e trucco, caramelle e pastigliaggi vari, piccoli articoli di pelletteria tipo cinture e portafogli, giocattoli, detersivi e disinfettanti.

L'**edicola** è la rivendita di quotidiani e periodici o, meglio, una rivendita esclusiva. Fino al 1999 solo le edicole potevano vendere questi generi; dopodichè, con la L. 108/99, è intervenuta la loro liberalizzazione. Di conseguenza si sono delineate due attività:

- i "punti vendita esclusivi", cioè le edicole tradizionali;
- i "punti vendita non esclusivi", consistenti in esercizi

commerciali interessati a vendere quotidiani e periodici: tabaccherie, distributori di carburante con una superficie di almeno 1.500 mq., bar, medie strutture di vendita con una superficie di almeno 700 mq. e librerie con una superficie di almeno 120 mq.

Per le edicole si è mantenuto per alcuni anni il sistema del numero chiuso, con dei piani di localizzazione basati principalmente sulle distanze minime tra le rivendite. Dopo la **L. 248/2006**, cosiddetta **legge Bersani sulle liberalizzazioni**, tesa a eliminare vincoli e ostacoli alle attività commerciali, i Comuni hanno man mano sostituito i piani di localizzazione con programmi volti a favorire l'insediamento di nuove edicole, secondo le esigenze delle varie zone e della popolazione.

Sono rimaste uguali le modalità di vendita di quotidiani e periodici: prezzo stabilito dal produttore/editore, margine di guadagno identico per tutte le rivendite, adeguato spazio di esposizione dei giornali e parità di trattamento alle diverse testate. Per i punti vendita, in ogni caso, occorre sempre l'autorizzazione comunale.

Per le edicole non sono previsti generi annessi. Tuttavia le leggi regionali possono prevedere, unitamente all'autorizzazione, la vendita di pastigliaggi (caramelle, confetti, cioccolatini e simili). Le edicole inoltre, sebbene definite "punti esclusivi di vendita di quotidiani e periodici", possono vendere anche altri prodotti, sia alimentari che non alimentari, purché vi siano i requisiti professionali e le condizioni igienico-sanitarie richiesti per legge.

I **distributori di carburante** sono impianti per la maggior parte (il 65% circa) di proprietà delle compagnie petrolifere, che operano anche nel campo dell'estrazione, della raffinazione e del commercio di prodotti petroliferi (Esso, Shell, Q8 ecc.). La restante parte dei distributori è di proprietà di altre imprese, in genere convenzionate con le compagnie petrolifere.

Le compagnie possono operare/gestire direttamente gli impianti di rifornimento o affidarne la gestione ad altre imprese mediante un contratto di comodato gratuito, vincolato a un contratto di fornitura esclusivo di carburante.

I gestori devono esporre il marchio della compagnia (si parla in tal caso di "pompe di colore") e praticare il prezzo indicato dalla stessa. Un discorso simile vale anche per i proprietari convenzionati con le compagnie. A parte ci sono i proprietari indipendenti (le "pompe bianche") che praticano i loro prezzi, mediamente inferiori agli altri.

Per gli impianti di distribuzione non esiste più il numero chiuso a partire dal D. Lgs. 32/98. Per ogni impianto occorre comunque l'autorizzazione comunale (le vecchie concessioni sono state convertire in autorizzazioni) e la licenza fiscale dell'Ufficio Tecnico di Finanza (UTF). Per i distributori di carburante sono previsti generi annessi, come ricambi e accessori per veicoli, prodotti per la loro manutenzione, pile e torce, kit di pronto soccorso.

Tutte le attività esaminate hanno delle caratteristiche comuni: sono prevalentemente a numero chiuso; sono tenute a rifornirsi da determinati soggetti che fissano i prezzi, garantendo ai rivenditori un certo margine di guadagno; sono soggette a particolari autorizzazioni; hanno una riserva di vendita su certi prodotti, il che è spiegabile visto lo stretto legame con l'ente di produzione, interessato ad avere una rete di distributori di fiducia.

Si tratta indubbiamente di categorie privilegiate che godono di situazioni di rendita, con effetti non sempre positivi per i consumatori. Si pensi alle farmacie, che traggono il maggiore ricavo dai medicinali rimborsati dal Servizio Sanitario Nazionale.

Il prezzo sembra essere il principale elemento di distinzione. In tutte queste attività, infatti, il prezzo non viene determinato a valle, ma a monte, dal produttore o dallo Stato, facendo venire meno quel margine di intervento tipico del commerciante, ma non il suo margine di guadagno.

Un discorso particolare va fatto per i distributori di carburante: in questo caso i margini di guadagno riguardano soprattutto le compagnie petrolifere. Il vincolo di approvvigionamento dalla compagnia è sicuramente penalizzante per il gestore, che in alcuni casi deve ricorrere all'overpricing, ovvero al sovrapprezzo rispetto al prezzo delle compagnie.

La possibilità di rifornirsi direttamente ai depositi generali comporterebbe, da un lato, un aumento del guadagno per il gestore e, dall'altro, un prezzo più conveniente per il consumatore, ma tale possibilità incontra inevitabilmente la resistenza delle compagnie.

Nonostante ci siano stati degli interventi tesi a modificare questi assetti, con leggi e decreti di liberalizzazione (come per i farmaci da banco e i punti vendita non esclusivi di quotidiani e periodici), molto rimane ancora da fare.

SEGRETO n. 3: ci sono ancora forme di commercio privilegiate, poco favorevoli per i consumatori, che riguardano farmaci, tabacchi, giornali e carburanti.

Chi può commerciare

Prima del decreto Bersani del 1998 esisteva il REC, il Registro degli Esercenti il Commercio, un sistema teso a dare un minimo di qualificazione al commerciante. Il decreto Bersani ha abolito il REC, che funzionava di fatto come una barriera all'entrata di nuovi soggetti nel mondo del mercato, ma ha fissato comunque dei requisiti morali e professionali.

Il decreto Bersani inoltre ha eliminato le 14 tabelle merceologiche precedenti, prevedendo solo 2 tipologie di merce: alimentare e non alimentare. Per i generi non alimentari bastano i requisiti morali; per quelli alimentari, invece, occorrono requisiti sia morali sia professionali.

I requisiti morali

I **requisiti morali** sono stati rivisti dal D. Lgs. 59/2010, che ha recepito la Direttiva Bolkestein. Attualmente non possiedono i requisiti morali richiesti le categorie elencate di seguito.

Prima categoria senza requisiti

«Coloro che hanno riportato una condanna, con sentenza passata in giudicato, per delitto non colposo, per cui è prevista la reclusione di minimo 3 anni, purché sia stata applicata in concreto la reclusione per più di 3 anni» (versione tradotta).

Ricordo solo brevemente che i reati si distinguono in delitti e contravvenzioni, in base alle pene applicate: si parla di delitti per i reati puniti con la reclusione, compreso l'ergastolo, e la multa; si parla di contravvenzioni per i reati puniti con l'arresto e l'ammenda. I delitti possono essere dolosi, se commessi con l'intenzione di nuocere, o colposi, se commessi per inosservanza di norme di legge o di condotta.

Nella legge si fa riferimento a qualunque delitto doloso per cui il codice penale preveda la reclusione di almeno 3 anni. Quindi bisogna innanzitutto guardare alla pena indicata in astratto per ogni reato; in secondo luogo bisogna guardare alla pena applicata in concreto dal giudice, tenuto conto di attenuanti e aggravanti del caso. Quella che conta è quest'ultima, se è superiore a 3 anni.

Seconda categoria senza requisiti

«Coloro che hanno riportato una condanna alla reclusione, con sentenza passata in giudicato, per delitti contro l'industria e il commercio (di cui al libro II titolo VIII capo II del codice penale artt. da 513 a 517), ovvero: turbata libertà dell'industria o del commercio; illecita concorrenza con minaccia o violenza; frodi contro le industrie nazionali; frode nell'esercizio del commercio; vendita di sostanze alimentari non genuine come genuine; vendita di prodotti industriali con segni mendaci, e per i seguenti reati: ricettazione, riciclaggio, insolvenza fraudolenta, bancarotta

27

fraudolenta, usura, rapina, estorsione e delitti contro la persona commessi con violenza (omicidio, percosse, lesioni personali, sequestro di persona, violenza privata)» (versione estesa).

In questo elenco sono stati aggiunti, rispetto al passato, i delitti contro la persona commessi con violenza e sono stati eliminati i delitti contro la Pubblica Amministrazione.

Terza categoria senza requisiti
«Coloro che hanno riportato una condanna, con sentenza passata in giudicato, per reati contro l'igiene e la sanità pubblica, tra cui anche i delitti di comune pericolo mediante frode (di cui al libro II titolo VI capo II del codice penale artt. da 438 a 448), ovvero: epidemia; avvelenamento di acque o di sostanze alimentari; adulterazione e contraffazione di sostanze alimentari; adulterazione e contraffazione di altre cose in danno della salute pubblica; commercio di sostanze alimentari contraffatte o adulterate; commercio o somministrazione di medicinali guasti; commercio di sostanze alimentari nocive; somministrazione di medicinali in modo pericoloso per la salute pubblica» (versione estesa).

Rispetto a prima si è fatto un riferimento generale ai reati contro l'igiene e la sanità pubblica. Il D. Lgs. 114/98 considerava infatti solo il commercio di sostanze alimentari contraffatte o adulterate e il commercio di sostanze alimentari nocive.

Quarta categoria senza requisiti

«Coloro che hanno riportato due o più condanne, con sentenza passata in giudicato, per delitti di frode nella preparazione e nel commercio di alimenti previsti in leggi speciali».

A proposito di **frodi alimentari** è bene fare due precisazioni. La prima è che per "frode alimentare" tipica, come delineata dal codice penale, si intende una "vendita sleale" che va a intaccare la lealtà dei rapporti commerciali (es. la presentazione di alimenti scongelati come freschi o la vendita di alimenti con data di scadenza alterata).

La frode alimentare nel senso più comune si riferisce invece a una serie di situazioni che vanno a incidere sulla salute pubblica:

- l'**alterazione**: la modifica delle caratteristiche e della composizione di un alimento per cause naturali quali la luce, l'aria, la temperatura o una cattiva conservazione (es. l'olio rancido o usato più volte per le fritture, il latte o il vino inaciditi);

- l'**adulterazione**: l'aggiunta o la sottrazione di sostanze nel prodotto, senza modificarne sostanzialmente le caratteristiche e la composizione (es. il vino annacquato, l'olio d'oliva allungato con olio di semi, il latte scremato);

- la **sofisticazione**: l'aggiunta di sostanze al prodotto come coloranti e aromatizzanti tali da influire sulle sue caratteristiche o da mascherarle (es. la pasta comune colorata in modo da spacciarla per pasta all'uovo, la carne rossa con l'aggiunta di nitriti, le arance deverdizzate per farle apparire mature);

- la **contraffazione**: la combinazione di due o più alimenti presentati come un prodotto di una certa qualità o rinomanza (es. la combinazione di vino e sidro spacciata per moscato, lo spumante venduto come champagne);

- l'**avvelenamento**: l'aggiunta o la formazione di sostanze tossiche per l'organismo negli alimenti (sono sicuramente rimasti impressi nella memoria di tutti i casi del vino al metanolo e del mascarpone al botulino).

La seconda precisazione da fare è che il D. Lgs. 507/99 ha depenalizzato, vale a dire trasformato in illeciti amministrativi, i reati previsti dalle leggi speciali in materia di alimenti, elencati nello stesso decreto. Di conseguenza queste violazioni vengono oggi punite solo con delle sanzioni amministrative consistenti nel pagamento di una somma di denaro.

È stata fatta solo un'eccezione per alcuni reati previsti dalla **Legge 283/62 di disciplina igienica degli alimenti**. Questi reati riguardano, nello specifico, la vendita di sostanze private degli elementi nutritivi o mescolate con sostanze di qualità inferiore, in cattivo stato di conservazione, con cariche microbiche superiori ai limiti consentiti, insudiciate, invase da parassiti, alterate o trattate in modo da mascherare un precedente stato di alterazione, contenenti residui di prodotti utilizzati in agricoltura o con aggiunta di additivi chimici non autorizzati dal Ministero della Sanità.

In caso di condanna, sussiste il divieto di esercitare un'attività commerciale per 5 anni dal giorno in cui la pena è stata scontata o dal giorno in cui è intervenuta l'amnistia, la prescrizione, la grazia o l'indulto.

Il divieto non opera qualora intervenga la riabilitazione (con provvedimento formale) e, a differenza di prima, neanche in caso di sospensione condizionale della pena. In questo secondo caso occorre però che la sentenza di concessione della sospensione sia divenuta irrevocabile, cioè non più soggetta a impugnazione.

La sentenza di patteggiamento è parificata a una sentenza di condanna.

Quinta categoria senza requisiti
«Coloro che sono stati dichiarati delinquenti abituali, professionali o per tendenza».

Sesta categoria senza requisiti
«Coloro nei cui confronti sono state applicate misure di prevenzione, misure "antimafia" o misure di sicurezza non detentive».

Per **misure di prevenzione** si intendono le c.d. misure di polizia applicate dal Tribunale su proposta del Questore, che riguardano soggetti pericolosi sui quali gravano indizi o sospetti di reati. Sono: il foglio di via obbligatorio, la sorveglianza speciale, il divieto o l'obbligo di soggiorno in un determinato Comune.

Le **misure antimafia** sono queste stesse misure di prevenzione applicate a soggetti indiziati di appartenere alla mafia, alla camorra o altre associazioni che agiscono con gli stessi metodi delle associazioni di tipo mafioso; sono previste dalla L. 575/65 (Disposizioni contro la mafia).

Per **misure di sicurezza non detentive** si intendono misure relative a soggetti che hanno già commesso reati, applicate dal giudice penale che emette la sentenza di condanna. Si tratta della libertà vigilata, del divieto di soggiorno, del divieto di frequentare pubblici esercizi e spacci di bevande alcoliche, dell'espulsione dello straniero.

La dichiarazione di fallimento non è più di ostacolo per l'esercizio dell'attività a seguito del D. Lgs. 169/2007. Questa legge infatti ha preso atto che la crisi dell'impresa non può essere ricondotta unicamente alle capacità/incapacità dell'imprenditore di tenere fede ai propri impegni, ma dipende anche da una serie di condizioni di mercato e di rischi degli investimenti.

SEGRETO n. 4: devono possedere i requisiti morali per poter commerciare un'attività: l'imprenditore individuale, i soci amministratori delle società e i preposti alla vendita di alimentari.

I requisiti professionali

Anche i **requisiti professionali** sono stati rivisti dal D. Lgs. 59/2010, che ha introdotto delle modifiche interessanti rispetto al passato. Attualmente ne sono in possesso le categorie sotto elencate.

Prima categoria provvista di requisiti

«Coloro che hanno frequentato con esito positivo un corso professionale per il commercio, la preparazione o la somministrazione degli alimenti, istituito o riconosciuto dalle Regioni».

A differenza di prima, vengono riconosciuti validi per la vendita anche i corsi per la preparazione e la somministrazione di alimenti.

Seconda categoria provvista di requisiti

«Coloro che hanno lavorato per almeno 2 anni, negli ultimi 5 anni, in imprese operanti nel settore alimentare o della somministrazione di alimenti e bevande, in qualità di dipendente qualificato addetto alla vendita, all'amministrazione o alla preparazione degli alimenti; o di socio lavoratore; o di coadiutore familiare purché si tratti di coniuge, parente o affine entro il terzo grado. La situazione lavorativa deve essere comprovata dall'iscrizione all'INPS».

A differenza di prima non si parla più di chi ha esercitato in proprio per almeno 2 anni, negli ultimi 5 anni, la vendita di alimentari, ma a tale riguardo il Ministero dello Sviluppo Economico ha precisato che è da intendersi requisito professionale valido anche l'esercizio in proprio (sia individualmente, che all'interno di una società o di un'associazione in partecipazione).

L'esercizio in proprio può riguardare sia il commercio da parte di un tipico commerciante, sia la vendita da parte di un artigiano, industriale o produttore agricolo, sia la somministrazione.

Le Regioni generalmente riconoscono l'esercizio artigiano e del produttore agricolo, anche se tecnicamente l'artigiano o il produttore non sono commercianti. La loro attività tipica, come si è visto, non è la compravendita, quindi dopo due anni di esercizio in proprio non potrebbero acquisire i requisiti professionali per la vendita di alimentari.

Tuttavia, dovendo attenersi alle disposizioni sulla sicurezza degli alimenti e avendo un'adeguata conoscenza in materia di vendita, trattamento, conservazione e trasformazione alimentari, possono essere parificati ai commercianti.

I 2 anni possono anche essere non continuativi e risultare dalla sommatoria di diversi periodi. I 5 anni vengono calcolati a ritroso dal giorno in cui viene presentata la comunicazione di inizio attività o la domanda di autorizzazione per il commercio.

Terza categoria provvista di requisiti

«Coloro che sono in possesso di un diploma di scuola secondaria superiore o di laurea – anche triennale – o di altra scuola a indirizzo professionale almeno triennale che preveda nel corso di studi materie attinenti al commercio, alla preparazione o alla somministrazione degli alimenti».

I requisiti professionali devono essere posseduti personalmente dall'imprenditore individuale (questo non può incaricare come preposto un'altra persona che abbia i requisiti). In caso di società, i requisiti possono essere posseduti da un qualunque socio o da una persona esterna; in entrambi i casi deve essere nominato, con atto scritto, il c.d. "preposto alla vendita di alimentari".

Non ci può essere lo stesso preposto per due società diverse, perché questo viene "specificamente" incaricato da una certa società sulla base di un rapporto diretto e di fiducia. Ci può essere però uno stesso preposto per più negozi della stessa società.

Allo stesso modo, ci possono essere più negozi facenti capo a un unico imprenditore individuale in possesso dei requisiti professionali, perchè non è necessaria la presenza fisica di chi ha i requisiti in ogni negozio, come avviene per la somministrazione. L'importante è che vi sia un responsabile di riferimento che abbia adeguate conoscenze in campo igienico-sanitario per il trattamento degli alimenti e che istruisca il personale dipendente addetto alla vendita.

SEGRETO n. 5: devono possedere i requisiti professionali per la vendita di alimentari: l'imprenditore individuale e il preposto della società.

A questo punto sorgono una serie di domande:
Chi tiene i corsi e dove?
I corsi possono essere tenuti dalle Camere di Commercio o da associazioni rappresentative dei commercianti e loro enti convenzionati con le Regioni.

I corsi sostenuti per la somministrazione o per il commercio con iscrizione al REC sono ancora validi?
Per quanto datati, il Ministero dello Sviluppo Economico ritiene di sì, salvo diverse disposizioni regionali.

Anche se non si è mai esercitato?

Sì; l'iscrizione al REC non obbliga all'esercizio.

I corsi per la somministrazione valgono anche per la vendita e viceversa?

Sì, ma, anche in questo caso, le Regioni potrebbero essere di diverso avviso. Va detto in proposito che, con la riforma della Costituzione del 2001, alle Regioni è stato attribuito il potere di legiferare in materia commerciale (lo Stato ha mantenuto il suo potere in materia di concorrenza tra le imprese), per cui una circolare ministeriale può ben essere superata da una legge regionale. Benché abbia una valenza nazionale, la circolare non ha valore "legale", cioè valore e forza di legge.

Si può iniziare l'attività e nel frattempo frequentare il corso?

No, i requisiti richiesti devono essere già posseduti nel momento in cui si inizia l'attività; se l'attività viene iniziata supponendo di avere dei requisiti che in realtà non sussistono, si incorre nel divieto di esercizio dell'attività. Con questo divieto, l'attività viene a cessare. Non è possibile chiedere una sospensione in attesa del superamento del corso.

L'addetto alla segreteria di un'impresa esercente il commercio di alimentari può conseguire i requisiti professionali?
No, in quanto il lavoro di segreteria non è equiparabile al lavoro di amministrazione dell'impresa.

E la cassiera di un supermercato?
No, in quanto non tratta direttamente la vendita dei prodotti, si limita a incassare il prezzo stabilito. Di avviso contrario è però il Ministero dello Sviluppo Economico.

Il venditore porta a porta di alimentari?
Sì.

L'agente o rappresentante di commercio nel settore alimentare?
Le Regioni generalmente riconoscono in questi casi i requisiti.

Il dipendente di un produttore agricolo?
Dipende dalle mansioni svolte presso il produttore agricolo. Se le mansioni riguardano la vendita dei prodotti agricoli o l'amministrazione dell'azienda, sì. Se riguardano la coltivazione o altro, no.

L'apprendista o il lavoratore con contratto di formazione-lavoro?
No, poiché la legge parla esplicitamente di addetto "qualificato" e la qualifica, nei casi in questione, interviene solo alla scadenza del contratto.

Il lavoratore con contratto di collaborazione continuativa o occasionale?
Il contratto di collaborazione continuativa, o contratto a progetto, è una forma particolare di lavoro autonomo (diverso dal lavoro di agente o rappresentante di commercio), retribuito in tutto o in parte in base al risultato conseguito e non al monte ore impiegato. Per questo tipo di lavoro occorre dunque guardare al contenuto del contratto (che deve riguardare un'attività di vendita o somministrazione o preparazione di prodotti alimentari) e al periodo di tempo effettivamente lavorato, sia a titolo continuativo che a titolo occasionale.

Il lavoratore part-time?
Sì. Generalmente le Regioni ammettono che chi ha lavorato part-time ha acquisito i requisiti professionali al pari di chi ha lavorato full-time. Non mancano però Regioni che richiedono dei periodi

di lavoro aggiuntivo, con la conseguenza che chi ha lavorato 4 ore al giorno per due anni, deve lavorare altri due anni. Il Ministero dello Sviluppo Economico ammette il riconoscimento, se il monte ore lavorato con il contratto part-time corrisponde almeno al 50% del monte ore del contratto a tempo pieno.

Il lavoratore con contributi irregolari?
Il Ministero dello Sviluppo Economico, in questo caso, indica di considerare le buste-paga, anche se i contributi non sono stati versati regolarmente. L'irregolarità contributiva è infatti imputabile esclusivamente al datore di lavoro e non può incidere sulla prestazione lavorativa che si è comunque svolta.

L'esercente una tabaccheria che vende anche pastigliaggi?
No, la vendita di limitati generi di tipo alimentare annessi alle tabaccherie, come i pastigliaggi, non consente di acquisire i requisiti professionali.

L'addetto alla somministrazione e/o vendita presso un circolo privato?
Sì, non ha importanza che la vendita riguardi più persone o solo

una cerchia ristretta di persone.

Riguardo ai titoli di studio, il Ministero dello Sviluppo Economico ha ritenuto validi il diploma di perito agrario e perito chimico, la laurea in Farmacia, il diploma di segretaria d'azienda, la laurea in Economia con indirizzo gestione aziendale.

Non sono stati invece ritenuti validi, per esempio, il diploma di ragioniere, la laurea in Scienze Forestali e in Tecniche Erboristiche. Nessun problema ovviamente per il diploma di scuola alberghiera.

Requisiti per alcune attività

Tabaccherie

Per la vendita dei generi alimentari annessi (peraltro minimi, trattandosi di pastigliaggi), non occorrono i requisiti professionali; per tutto il resto ovviamente sì.

Da tenere presente inoltre che il Ministero dello Sviluppo Economico fa rientrare nella voce "pastigliaggi" anche i generi alimentari non deperibili che non richiedono particolari trattamenti di conservazione, come le bevande pre-confezionate e pre-imbottigliate tipo bibite in lattina, tetra-pack e bottiglietta, con esclusione del latte e dei suoi derivati.

È chiaro che questa interpretazione non può essere ulteriormente estesa ad altri alimenti come patatine, gelati e snack.

Edicole

In base alle leggi regionali è consentita solo la vendita di pastigliaggi, con la possibile estensione di cui si è detto sopra, senza i requisiti professionali.

Farmacie

Per i generi alimentari annessi non occorrono i requisiti professionali.

Parafarmacie

Per queste attività non sono previsti generi annessi, per cui occorrono i requisiti professionali per ogni genere alimentare, a partire dagli integratori alimentari.

Erboristerie

Per questi negozi occorrono i requisiti professionali per la vendita di alimentari.

Negozi di animali

Per la vendita di mangimi occorrono i requisiti professionali per la vendita di alimentari.

Bar e ristoranti

Per i generi alimentari sfusi o confezionati, aperti a scopo di somministrazione, non occorrono i requisiti, che sono invece richiesti per i generi sfusi o confezionati esposti per la vendita.

Artigiani

Non occorrono i requisiti per la vendita dei propri prodotti; occorrono per i prodotti altrui.

Produttori agricoli

Non occorrono i requisiti per la vendita dei prodotti provenienti in prevalenza dalla propria azienda e in parte da altre aziende anche non agricole (ad esempio bibite, acqua, pasta e simili di

45

produzione industriale). Questa parte però non deve superare il ricavo di 160.000 euro, in caso di impresa individuale, e 4 milioni di euro, in caso di società; diversamente occorrono i requisiti professionali.

Requisiti per gli stranieri

Stranieri sono i cittadini comunitari o dell'Unione Europea e i cittadini extracomunitari. I cittadini svizzeri, data la convenzione tra la Svizzera e l'Unione Europea, sono equiparati ai cittadini comunitari.

Gli stranieri extracomunitari che intendono soggiornare in Italia per più di tre mesi devono richiedere il **permesso di soggiorno** alla Questura - Ufficio Immigrazione. Il permesso ha validità fino a due anni in caso di lavoro autonomo o subordinato (e quindi anche per attività commerciale); 90 giorni prima della scadenza occorre chiedere il rinnovo.

Nell'attesa del rinnovo, lo straniero può comunque operare in base al permesso scaduto, unitamente alla ricevuta di presentazione della domanda di rinnovo.

Gli stranieri devono possedere i requisiti morali e professionali. Riguardo ai requisiti professionali, per i titoli di studio o gli attestati di corsi professionali conseguiti in Italia, o la pratica commerciale svolta in Italia, non si pongono problemi.

Per i titoli di studio o gli attestati di corsi conseguiti all'estero (nell'Unione Europea o fuori) da cittadini sia comunitari sia extracomunitari occorre il riconoscimento del Ministero dello Sviluppo Economico o la dichiarazione di equipollenza del Ministero della Pubblica Istruzione, in caso di titoli di scuola superiore, o del Ministero dell'Università e della ricerca scientifica, in caso di laurea.

I titoli, per essere riconosciuti, devono prima essere tradotti, legalizzati e validati dagli uffici diplomatici italiani.

Per la pratica commerciale fatta in un paese dell'Unione Europea o fuori, da cittadini comunitari o extracomunitari, è necessario il riconoscimento del Ministero dello Sviluppo Economico. La pratica deve essere stata effettuata per il periodo richiesto dalla legge (D. Lgs. 206/2007) e l'attività non deve essere cessata da più di 10 anni dalla data di presentazione della domanda di riconoscimento.

RIEPILOGO DEL GIORNO 1:

- SEGRETO n. 1: il commercio, sia all'ingrosso che al dettaglio, si configura come una rivendita di beni e non riguarda mai i servizi.

- SEGRETO n. 2: è basilare inquadrare sin dall'inizio il tipo di attività che si intende svolgere. Da questo, infatti, discende l'applicazione della legge appropriata.

- SEGRETO n. 3: ci sono ancora forme di commercio privilegiate, poco favorevoli per i consumatori, che riguardano farmaci, tabacchi, giornali e carburanti.

- SEGRETO n. 4: devono possedere i requisiti morali per poter commerciare un'attività: l'imprenditore individuale, i soci amministratori delle società e i preposti alla vendita di alimentari.

- SEGRETO n. 5: devono possedere i requisiti professionali per la vendita di alimentari: l'imprenditore individuale e il preposto della società.

GIORNO 2:

Come muovere i primi passi

Una scala da 1 a 10

I passi da compiere per poter aprire un'attività commerciale sono complessi e faticosi; direi che ci vorrebbe un riconoscimento professionale solo per la dedizione e abilità dimostrate!

Normalmente avviare un'attività in una discreta struttura è un percorso che potremmo paragonare a una scala con 10 gradini, ma qualcuno di questi si può anche accorpare o scavalcare. Certamente non siamo ancora al punto, tanto ambito dal legislatore, di poter aprire un'impresa in un giorno!

SEGRETO n. 6: non si può aprire un'attività e mettersi a commerciare dall'oggi al domani, anche se il legislatore, grazie alle nuove procedure telematiche, ci assicura di sì.

Passo n. 1: reperire i capitali

Un'attività commerciale richiede l'apporto di un certo contributo, sia umano che monetario; il primo passo dunque consiste nel reperire i capitali necessari. È alquanto assodata la "misurata" disponibilità delle banche a concedere prestiti, che negli ultimi anni si è ancora più ristretta a causa della recessione economica. Questa situazione, non a caso, ha aumentato il ricorso a fonti alternative di sostegno.

Il **leasing**, consistente nell'utilizzo di un bene a fronte del pagamento di un canone, con possibilità di acquisto alla fine del contratto, sembra la soluzione ottimale per disporre subito dei mezzi operativi con un minimo esborso iniziale.

Il **factoring**, consistente nella cessione dei crediti, presenti e futuri, della propria impresa a una società finanziaria a fronte di un'anticipazione di denaro, si è di fatto trasformato in una forma di finanziamento. Così anche lo **sconto di portafoglio**, che prevede un'anticipazione dell'importo di cambiali e tratte, a fronte del pagamento di un compenso pattuito per usufruire di questo servizio.

Il **franchising** si è consolidato come contratto di affiliazione o collaborazione commerciale. Questo consente all'affiliato di operare alle "dipendenze" di un'impresa già affermata, usufruendo di alcuni vantaggi come forniture, scorte, insegna, marchio, consulenza tecnica e commerciale, a fronte del pagamento di percentuali sul fatturato (royalties).

Il **prestito etico** è una forma relativamente recente di prestito concesso dalle c.d. "banche etiche", che operano in base a principi di trasparenza, accesso al credito alla portata di tutti, finanziamento di attività meritevoli, di utilità sociale, tutela ambientale, risparmio energetico, commercio equo e solidale.

Il **microcredito** è un prestito di piccola/media entità a basso tasso di interesse, concesso prevalentemente dalle banche etiche soprattutto ai giovani e alle micro e piccole imprese, che non avrebbero le garanzie sufficienti per accedere ai normali prestiti.

Il **social lending** o **peer to peer** (prestito sociale o tra privati) è una forma di prestito piuttosto recente, che si è affermata anche su internet. Consente di formulare su una piazza elettronica una richiesta di denaro, indicando il relativo tasso di interesse e piano di restituzione, e di trovare lì un finanziatore disposto ad accettare. Occorre solo registrarsi e corrispondere una percentuale minima alla società intermediaria, che mette a disposizione il sito internet e seleziona i richiedenti e i finanziatori.

Se i finanziamenti privati non sono il massimo, neanche quelli pubblici sono un granché. Per la Comunità Europea i finanziamenti e le agevolazioni alle imprese da parte dello Stato sono incompatibili con il mercato europeo, perché falsano la concorrenza. Sono tuttavia ammessi degli aiuti di piccola entità: i c.d. **aiuti de minimis**, che possono arrivare fino a 100.000 euro e sono previsti in casi particolari, come microimprese, imprese avviate in zone depresse o arretrate, imprese femminili e giovanili.

La principale legge sui finanziamenti è la 488/92, che prevede degli stanziamenti costituiti in parte da contributi "in conto capitale" (cioè a fondo perduto) e in parte da finanziamenti agevolati.

Analizziamo gli aspetti essenziali della legge.

* Riguarda le piccole e medie imprese che operano in aree depresse del territorio nazionale definite dalla CEE e distinte in aree di 1° livello, come Sicilia, Sardegna, Puglia, Basilicata, Calabria e Campania, e aree di 2° livello, come Molise e Abruzzo.

* Riguarda le imprese che operano tramite commercio elettronico, per corrispondenza o attraverso piccole, medie e grandi strutture di vendita o centri di vendita all'ingrosso.

* Le imprese devono comunque apportare il 25% degli investimenti, che possono arrivare fino a 20 milioni di euro.

* I contributi in conto capitale possono arrivare fino al 50% degli investimenti per le aree di 1° livello e fino al 45% per le aree di 2° livello.

* I finanziamenti agevolati, con tasso di interesse dello 0,50% annuo, comportano la sottoscrizione obbligatoria di normali finanziamenti bancari a tasso di mercato relativi ad almeno il 15% degli investimenti.

* I contributi e i finanziamenti agevolati sono concessi dalle banche o da altri istituti di credito convenzionati con la Cassa Depositi e Prestiti, a seguito di bandi pubblicati dal Ministero

delle Attività Produttive. Le imprese interessate, che intendano realizzare nuove strutture, o ampliamenti o trasferimenti, devono presentare una domanda alle banche, illustrando la propria iniziativa e l'importo degli investimenti da sostenere. Le banche quindi procedono con la valutazione, la selezione, la formazione della graduatoria e la concessione delle agevolazioni in più rate, in base all'avanzamento dell'iniziativa.

• I finanziamenti agevolati non richiedono una fideiussione bancaria o assicurativa per essere concessi, a differenza dei contributi. Per il commercio nel settore agroalimentare, l'istituto IPI concede contributi in conto capitale e finanziamenti agevolati alle imprese già attive che hanno necessità di ampliamenti e ammodernamenti.

Vi sono poi altre leggi che riguardano degli interventi specifici. La L. 266/97 prevede dei contributi per le piccole e medie imprese che operano in aree di degrado urbano. La normativa richiede che vi sia un programma di riqualificazione urbana da parte del Comune e comporta anche la concessione di una serie di servizi alle imprese: consulenze gratuite di tipo giuridico, fiscale e commerciale; formazione a livello di gestione dell'impresa e di marketing, anche attraverso strutture dedicate (gli "incubatori di impresa"); accesso al credito sia pubblico che privato. Si tratta quindi di stanziamenti comunali, concessi in base a una procedura di selezione prevista dal bando comunale.

La L. 449/97 prevede un credito d'imposta per le piccole e medie imprese commerciali di vendita al dettaglio che acquistano beni strumentali, esclusi veicoli e fabbricati. Il credito d'imposta riguarda il 20% del costo dei beni al netto dell'IVA. La domanda per l'agevolazione va presentata alla Camera di Commercio, in seguito a bando del Ministero dell'Industria e Commercio.

La L. 215/92 sull'imprenditoria femminile riguarda piccole imprese gestite in misura prevalente da donne (sia in forma individuale che societaria) e prevede contributi in conto capitale per il 50% e finanziamenti agevolati con un tasso dello 0,50% annuo per il restante 50%. Le agevolazioni sono concesse da banche in seguito a bando del Ministero dell'Industria e del Commercio.

La L. 388/2000 prevede un credito di imposta per il commercio elettronico, sia tra imprese (e-commerce business to business) sia tra imprese e consumatori finali (e-commerce business to consumer), per sostenere spese non inferiori a 30.000 euro per l'acquisto di hardware e/o software, per la realizzazione, la manutenzione e l'aggiornamento dei siti, per la formazione di portali internet.

Le agevolazioni riguardano sia imprese singole che consorzi tra piccole e medie imprese (venture capital); il credito di imposta consiste nella riduzione del pagamento delle tasse, per il 35-45% degli investimenti.

La L. 185/2000 (legge sull'autoimpiego) prevede finanziamenti fino a 25.800 euro per le ditte individuali costituite da maggiorenni disoccupati da almeno 6 mesi, residenti nelle aree svantaggiate (Sicilia, Sardegna, Calabria, Basilicata, Puglia, Campania, Abruzzo e Molise). Nelle stesse aree sono possibili anche finanziamenti fino a 100.000 euro per ditte individuali e società in franchising (le prime costituite da interamente disoccupati, le seconde solo per metà).

I finanziamenti sono concessi dalla società Sviluppo Italia s.p.a. e possono consistere in contributi a fondo perduto e mutui agevolati, contributi a fondo perduto in conto gestione, cioè finalizzati alla copertura di spese di gestione e assistenza tecnica.

La L. 1329/65 (legge Sabatini) prevede contributi in conto interessi per l'acquisto di macchinari e impianti. Questi vengono stabiliti dalle Regioni, che possono anche affiancarli ai contributi in conto capitale, e vengono concessi da banche convenzionate con il Mediocredito Centrale, a fronte di contratti di acquisto o di leasing con emissione di cambiali.

Le banche, in pratica, si impegnano a pagare le cambiali emesse dall'impresa, recuperando da questa la parte relativa al capitale e una minima percentuale della parte relativa agli interessi; la misura degli interessi infatti è ridotta grazie al contributo delle banche.

Oltre le leggi nazionali, ci sono poi quelle regionali, volte a favorire di volta in volta le micro-imprese, le concentrazioni di imprese, le iniziative giovanili ecc., sia con contributi a fondo perduto, sia con finanziamenti agevolati, sia con il microcredito offerto, alle migliori condizioni di mercato, a soggetti privi di garanzie per l'acquisto di beni strumentali.

In queste varie forme di finanziamento si parla spesso di micro, piccole e medie imprese, ovvero di PMI. Ma come si individuano le PMI?

Il decreto del Ministero delle Attività Produttive del 12.10.2005 definisce "medie imprese" quelle che hanno meno di 250 occupati e un fatturato annuo non superiore a 50 milioni di euro; "piccole imprese" quelle che hanno meno di 50 occupati e un fatturato annuo non superiore a 10 milioni di euro; "micro imprese" quelle che hanno meno di 10 occupati e un fatturato annuo non superiore a 2 milioni di euro.

La Comunità Europea prevede finanziamenti diretti, i c.d. **fondi tematici**, per settori specifici (ad esempio ambiente, energia, ricerca e istruzione) tra i quali non rientra il commercio e finanziamenti indiretti, erogati attraverso intermediari finanziari (come la BEI, Banca Europea per gli Investimenti) e le Regioni.

I finanziamenti regionali sono costituiti dai c.d. **fondi strutturali**, in generale destinati alle regioni meno favorite e in difficoltà dell'Unione Europea. Attualmente se ne contano cinque: il Fondo Europeo di Sviluppo Regionale (FESR), il Fondo di Coesione (FdC), il Fondo Sociale Europeo (FSE), il Fondo Europeo per la Pesca (FEP) e il Fondo per l'agricoltura e lo sviluppo rurale (FEASR).

I fondi sono legati a programmi di sviluppo e obiettivi che cambiano ogni 6 anni. Per esempio, i programmi del ciclo 2000-2006 erano: Interreg III, Urban II, Leader e Equal. I programmi-obiettivo del ciclo 2007-2013 sono: "convergenza" (aiuto alle regioni in ritardo di sviluppo), "competitività regionale e occupazione" e "cooperazione territoriale europea".

I programmi sono stabiliti in primo luogo a livello comunitario dal Consiglio dell'Unione Europea, poi a livello nazionale e infine a livello regionale. Le Regioni definiscono i c.d. programmi operativi regionali (POR) per ogni fondo e pubblicano i bandi per la concessione dei finanziamenti.

Come è stato giustamente sottolineato dalla Regione Toscana, la programmazione europea 2007/2013, a differenza della precedente programmazione, ha penalizzato fortemente il commercio e il turismo; il commercio è infatti totalmente assente dal piano strategico nazionale.

Questa situazione ha indotto le Regioni a chiedere un'integrazione del piano e a trovare delle soluzioni indirette. Così, per esempio, alcuni POR FESR prevedono finanziamenti a tasso zero per il 60-70% degli investimenti a favore dei commercianti all'ingrosso e al dettaglio, o stanziamenti volti alla riqualificazione di aree degradate, compreso il rilancio economico e commerciale delle zone interessate.

I POR FSE prevedono stanziamenti per la formazione degli imprenditori, anche commerciali, in base alla fattibilità delle iniziative, il business plan e la gestione dell'impresa.

Ci sono infine gli incentivi delle Camere di Commercio. Queste possono concedere finanziamenti per contratti di leasing, franchising, factoring e prestiti bancari, tesi a ridurre i tassi di interessi, o agevolazioni per la partecipazione a fiere e mostre nazionali e internazionali e per i confidi.

I **confidi** sono associazioni di imprenditori destinate a coprire le perdite degli associati e a ottenere prestiti di maggiore importo e a tassi più vantaggiosi. Le Camere di Commercio inoltre forniscono informazioni su tutti i tipi di finanziamenti (nazionali, regionali, comunali e comunitari) e altri benefici come sgravi fiscali e sono intermediarie delle banche per il credito.

Per cercare finanziamenti, quindi il consiglio è di rivolgersi oltre che al Comune, tramite lo sportello unificato per l'impresa, anche alle Camere di Commercio di zona, alle Regioni e al Ministero per lo Sviluppo Economico.

Può servire anche dare un'occhiata a questi utilissimi siti:
- www.finanziamenti103.it
- www.finanziamenti-agevolati.it
- www.info-finanziamenti.it
- www.unioneconsulenti.it
- www.camcom.gov.it

- www.pmi.it
- www.confesercenti.it
- www.confcommercio.it

SEGRETO n. 7: i finanziamenti pubblici non rientrano nel sistema, ma il modo di ottenerli si trova sempre! Rivolgetevi al Comune, alle Camere di Commercio di zona, alle Regioni e al Ministero per lo Sviluppo Economico.

Passo n. 2: ditta o società

Un altro modo per raccogliere forze e contributi diversi è quello di costituire una società. Si pone quindi una scelta tra impresa individuale e società di persone o di capitali.

Le società di persone

Società in nome collettivo (s.n.c.) e società in accomandita semplice (s.a.s.) sono società in cui prevale l'elemento personale e i soci amministratori (tutti i soci della s.n.c. e i soci accomandatari della s.a.s) rispondono direttamente e illimitatamente nei confronti dei creditori con il proprio patrimonio.

Le società di capitali

Società a responsabilità limitata (s.r.l.), società per azioni (s.p.a.), società in accomandita per azioni (s.a.p.a.) e società cooperative sono società in cui prevale l'elemento del capitale e i soci amministratori rispondono nei limiti del patrimonio sociale, salvo le cooperative a responsabilità illimitata. Le società di capitali hanno autonomia patrimoniale, per cui alla costituzione si opera una netta distinzione tra patrimonio della società e patrimonio dei soci.

Le s.r.l. a unico socio costituiscono una particolarità: introdotte con la riforma societaria del 1993, possono definirsi società sia personali, perché riconducibili a un unico socio, sia di capitali, perché dotate di autonomia patrimoniale, sia anche imprese individuali a responsabilità limitata.

Le associazioni in partecipazione sono sostanzialmente delle imprese individuali che usufruiscono dell'apporto di denaro, prestazioni o beni di altri soggetti "associati". Similmente le imprese familiari.

L'impresa individuale non richiede l'intervento del notaio, a differenza delle altre forme di impresa. La formalità da svolgere per le imprese familiari e le società di persone consiste in un atto pubblico o in una scrittura privata autenticata.

L'atto pubblico è redatto direttamente dal notaio e fa piena prova di quanto vi è contenuto fino a querela di falso, mentre la scrittura privata è redatta dalle parti interessate e il notaio provvede solo ad autenticare le loro firme; pertanto, fa piena prova solo della provenienza dell'atto da determinate persone. Per le società di capitali invece è necessario l'atto pubblico.

Un discorso particolare va fatto per le società semplici (di persone), che operano in campo agricolo, in quanto queste non possono svolgere attività commerciale. In base al D. Lgs. 228/2001, possono vendere direttamente al consumatore finale i loro prodotti e, in via residuale, anche i prodotti di altre aziende, purché l'ammontare dei ricavi non superi certi limiti di fatturato annuale (possono quindi svolgere un limitato commercio, senza essere società commerciali).

Tali società possono costituirsi con atto pubblico o scrittura privata autenticata (l'atto è necessario per l'iscrizione al Registro delle imprese), mentre le associazioni e le associazioni in partecipazione, possono operare con o senza atto, a seconda degli interessi e dei beni coinvolti nelle attività.

Attenzione però: questo vale solo per le attività commerciali da iniziare. Se si intende subentrare in un'attività già iniziata da altri, tramite un acquisto o un affitto d'azienda, il notaio deve per forza intervenire, con atto pubblico o scrittura privata autenticata.

Passo n. 3: il locale e l'azienda

Raccolte le forze e i capitali, bisogna costruire l'azienda e quindi andare alla ricerca del locale e provvedere all'attrezzatura e ai rifornimenti di merce. L'alternativa è acquistare o affittare un'azienda che comprende il locale già attrezzato e rifornito.

Si fa sovente confusione tra affitto di locale e affitto d'azienda. L'affitto d'azienda riguarda una serie di beni di un'impresa, tra cui anche il locale commerciale. L'affitto del locale è limitato a quest'ultimo.

Il primo è regolato dal codice civile art. 2562, il secondo dalla legge 392/78, c.d. legge sull'equo-canone, che non comporta automaticamente la modicità del prezzo d'affitto, poiché il canone di locazione per locali a uso commerciale è libero, è fissato dalle parti al momento del contratto ed è soggetto a rivalutazione ogni anno in base agli indici ISTAT.

È assicurata comunque una certa stabilità: la durata di 6 anni è rinnovabile per altri 6 ed è prevista un'indennità per la perdita di avviamento, in caso di risoluzione del contratto da parte del locatore.

L'affitto d'azienda ha durata variabile, canone fisso o in parte fisso e in parte variabile in base al volume d'affari, e non prevede indennità di avviamento, poiché l'avviamento è dell'impresa concedente. L'affitto d'azienda richiede un atto notarile, l'affitto di locale no.

Passo n. 4: le pratiche in Comune

Nel migliore dei casi il locale commerciale non richiede opere edilizie, a parte la manutenzione ordinaria. Diversamente, deve intervenire un tecnico abilitato, geometra o architetto, per la presentazione all'ufficio tecnico comunale della comunicazione di inizio lavori o della denuncia di inizio attività o del permesso di costruire.

Risolto l'aspetto tecnico, subentra la parte commerciale: occorre presentare all'ufficio commercio la dichiarazione di inizio attività, se si tratta di un piccolo locale, o la domanda di autorizzazione, se si tratta di una media o grande struttura di vendita.

Il decreto Bersani ha definito piccole strutture o "esercizi di vicinato" gli esercizi commerciali con superficie di vendita fino a 250 mq. nei comuni più grandi, con popolazione superiore a 10.000 abitanti, e fino a 150 mq. nei comuni più piccoli, con popolazione inferiore a 10.000 abitanti.

Per queste attività, basta presentare al Comune in cui si trova l'esercizio una semplice dichiarazione di apertura o di voltura/trasferimento/ampliamento e, decorso un certo tempo senza che sia stato emesso alcun provvedimento di divieto, l'attività si intende automaticamente autorizzata senza necessità di un atto formale finale: non c'è più bisogno della licenza! E si può iniziare a vendere dal giorno stesso della presentazione della dichiarazione.

Oltre le piccole, si pongono le medie e le grandi strutture di vendita. Le prime con superficie compresa tra 251 e 2.500 mq. (151 e 1.500 per i piccoli comuni); le seconde con superficie superiore a 2.501 mq. (1.501 mq. per i piccoli comuni).

Per queste strutture opera il regime ordinario, per cui occorre presentare una domanda formale al Comune volta a ottenere un'autorizzazione commerciale. L'autorizzazione occorre anche per i centri commerciali.

Per il commercio su aree pubbliche, ovvero principalmente per i mercati, si è mantenuto il regime ordinario dell'autorizzazione. Per i mercati ovviamente non si parla di locali, ma di posteggi.

Le pratiche comunali comprendono anche la denuncia per la tassa sulla raccolta dei rifiuti (TARSU) o la tariffa di igiene ambientale (TIA) e la denuncia o domanda per le insegne e altre forme pubblicitarie (ICP imposta comunale sulla pubblicità o CIMP canone sulle iniziative pubblicitarie).

SEGRETO n. 8: il commercio inizia con una dichiarazione al Comune, ma si avvia veramente con l'insegna e la pubblicità.

Passo n. 5: la denuncia all'ASL

In caso di vendita di alimentari, occorre presentare la denuncia di inizio attività all'ASL, la cosiddetta "d.i.a. sanitaria".

Passo n. 6: la registrazione alla Camera di Commercio

Entro 30 giorni dall'inizio attività (in caso di impresa individuale) o dalla stipula dell'atto dal notaio (in caso di società), occorre iscriversi al Registro delle Imprese tenuto dalla Camera di Commercio.

Passo n. 7: la dichiarazione all'ufficio IVA

Entro 30 giorni dall'inizio dell'attività o dalla stipula dell'atto notarile, occorre presentare una dichiarazione con la richiesta della partita IVA e la scelta del regime contabile.

Passo n. 8: le dichiarazioni all'ufficio INPS e INAIL

Lo Stato richiede l'iscrizione, con relativo versamento di contributi, all'Istituto Nazionale della Previdenza Sociale (INPS), per usufruire dell'assicurazione obbligatoria di invalidità e vecchiaia, e all'Istituto Nazionale delle Assicurazioni contro gli Infortuni sul Lavoro (INAIL).

Passo n. 9: la contabilità

Lo Stato prevede tre diversi regimi contabili: il regime ordinario, il regime semplificato e il regime speciale per piccoli e nuovi commercianti.

Il **regime ordinario** è obbligatorio per le società di capitali e le altre imprese che superano il ricavo di 516.456 euro. Comporta la tenuta dei libri contabili di legge (libro-giornale, libro-inventari, libro mastro e libro-paga per i dipendenti), dei registri sociali per le società di capitali, dei registri IVA per le fatture degli acquisti e delle vendite e richiede un bilancio di esercizio.

Il **regime semplificato** riguarda la maggior parte delle imprese, che non superano il ricavo di 516.456 euro. Comporta solo la tenuta del libro-paga dei dipendenti, dei registri IVA e dei registri dei beni ammortizzabili. Non richiede un bilancio, ma solo la registrazione di voci come spese, tasse e rate che incidono sul ricavo finale.

Il **regime speciale** è previsto per le piccole imprese che non superano i 30.000 euro di ricavo, hanno beni aziendali per un valore non superiore a 15.000 euro e non hanno dipendenti, e per le nuove imprese, con o senza dipendenti, che non superano i 61.974 euro di ricavo. Queste imprese sono esonerate dalla tenuta di ogni libro o registro, salvo il libro-paga per i dipendenti; conservano solo le fatture degli acquisti e le fatture o scontrini delle vendite senza IVA. Non versano quindi l'IVA e sono soggette all'IRPEF agevolata.

Individuato il regime contabile in sede di dichiarazione all'ufficio IVA, occorre poi tenere la contabilità: si può usufruire degli aiuti dell'Amministrazione Finanziaria o affidarsi a un commercialista.

Per gli approfondimenti in materia societaria e contabile ti consiglio di guardare questi siti:

- www.studiamo.it/pages/fare-impresa-avviare-una-nuova-impresa
- www.studiamo.it/category/economia-aziendale-e-diritto-commerciale
- www.aries.ts.camcom.it

Come dicevo, qualche scalino si può anche scavalcare. Due sono le vie già tracciate dallo Stato.

Il sistema "ComUnica"

È il sistema progettato con la L. 40/2007, che permette di riunire gli adempimenti del gradino camerale, fiscale, infortunistico e previdenziale. Dal 1° aprile 2010, basta presentare per via telematica la comunicazione unica o "ComUnica" alla Camera di Commercio, con tutte le informazioni necessarie per gli enti interessati. La Camera a sua volta, trasmette la comunicazione agli uffici IVA, INPS e INAIL e provvede alla registrazione.

Lo sportello unico per le attività produttive

È un sistema progettato sin dal 1998 e ripreso dalla L. 133/2008, ma ancora difficile da attuare. Ultimamente è intervenuto a regolamentarlo anche il D.P.R. 160/2010, in vigore, in buona parte, da aprile 2011.

Lo sportello unico delle attività produttive (SUAP), di competenza comunale, diventa l'unico punto di riferimento per le attività commerciali. Riceve, esclusivamente per via telematica, ogni tipo di comunicazione (di apertura, di ampliamento, di voltura, cessazione o trasferimento di esercizi di vicinato) e la inoltra ai vari uffici o enti competenti per la parte sanitaria e urbanistico-edilizia.

Questo sportello verifica la completezza formale della comunicazione (o meglio "segnalazione certificata") e, in caso di esito positivo, rilascia, sempre per via telematica, una ricevuta che costituisce direttamente autorizzazione a esercitare. In caso contrario, richiede le necessarie integrazioni.

Decorsi 60 giorni dalla segnalazione, senza che sia intervenuto alcun provvedimento di divieto, l'attività si intende definitivamente autorizzata.

Per medie e grandi strutture lo sportello riceve le domande di apertura e, verificati i documenti e acquisiti i pareri necessari di più enti, riuniti del caso in conferenza, emette il provvedimento finale di autorizzazione.

È anche possibile il collegamento diretto Camera di Commercio-SUAP: basta presentare tutta la documentazione presso la Camera di Commercio (la ComUnica e la segnalazione o domanda), che provvede poi all'invio al Comune e agli altri enti interessati (uffici IVA, INPS e INAIL).

Saranno i Comuni a scegliere la migliore organizzazione e a rendere operativo lo sportello unico non solo per le medie e grandi strutture di vendita, ma anche per gli esercizi di vicinato, consentendo di presentare in un'unica soluzione sia la documentazione edilizia che la documentazione commerciale.

La legge 133/2008 sullo sviluppo economico e la competitività delle imprese, mirata a realizzare l'obiettivo dell'"impresa in un giorno", peraltro introduce una nuova figura, alternativa al SUAP: l'**Agenzia delle imprese**, che provvede a ricevere la segnalazione, ad attestare i requisiti morali e professionali delle imprese e a rilasciare una dichiarazione di conformità che costituisce direttamente autorizzazione all'attività commerciale. Per le medie e grandi strutture, l'Agenzia riceve e trasmette le domande al SUAP.

Certo non è una svolta epocale – **la vera svolta sarebbe non lo sportello unico, ma l'unico sportello a cui rivolgersi per ogni aspetto dell'attività commerciale** (edilizio, commerciale, fiscale, previdenziale e pubblicitario) – ma apprezziamo per il momento lo sforzo fatto dal legislatore per ridurre i tempi.

SEGRETO n. 9: i tempi per avviare un'impresa non dipendono tanto dal sistema, che è diventato sempre più telematico, quanto dal numero dei soggetti coinvolti nel sistema: più sono e più si perde tempo, anche se c'è lo sportello "unico"!

Passo n. 10: i permessi supplementari
Per alcune attività, occorrono dei documenti e requisiti aggiuntivi.

Oro e preziosi

Occorre la licenza rilasciata dalla Questura del luogo in cui si esercita, in base al Testo Unico delle Leggi di Pubblica Sicurezza o TULPS (R.D. 773/1931).

Per preziosi si intendono: gli oggetti di metallo pregiato come oro, argento, platino e palladio; le pietre preziose come rubini, smeraldi, zaffiri, diamanti, pietre pregiate come turchesi, giade, coralli, le perle e i gioielli consistenti in oggetti di metallo pregiato con pietre pregiate e/o preziose; rientrano tra i preziosi anche gli articoli con montature o guarnizioni in metalli preziosi, tipo occhiali, orologi, bigiotteria, penne.

Per il commercio di oro in via professionale (in forma di lingotti, placchette, monete) occorre la costituzione di una società di capitali o di una società cooperativa. I soci devono avere i requisiti di onorabilità previsti dal Testo Unico delle Leggi Bancarie. L'attività va denunciata all'Ufficio Italiano Cambi, in base alla L. 7/2000, "Nuova disciplina del mercato dell'oro".

Armi, esplosivi e fuochi d'artificio

Occorre la licenza della Questura del luogo in cui si esercita. Per il TULPS e relativo Regolamento di esecuzione (R.D. 635/1940) sono armi tutti gli arnesi che hanno come destinazione l'offesa alla persona.

Il Regolamento distingue armi da guerra (armi da punta, da taglio e da sparo per armamento e uso militare) e armi comuni (fucili, carabine, moschetti, comprese le armi da caccia e da tiro a volo, rivoltelle, pistole, pugnali, stiletti e simili, le mazze ferrate, i manganelli, le noccoliere).

Non considera armi gli strumenti che, pur potendo recare offesa, hanno una destinazione diversa: gli arnesi utilizzati per lavoro, uso domestico, agricolo, scientifico, industriale e sportivo, tipo coltelli, rasoi, scuri, falci, forbici, scalpelli, acidi, fionde, archi, balestre, fucili per la pesca subacquea, sciabole e altre armi usate nelle arti marziali ecc. Rientrano tra le armi le bombe, i gas asfissianti e accecanti, le bombolette lacrimogene e irritanti. Sono esplosivi le polveri, le dinamiti, i detonanti, gli artifici e le munizioni di sicurezza.

Generi annessi per tabaccheria

Occorre l'autorizzazione dell'Amministrazione Autonoma dei Monopoli di Stato.

Generi annessi per farmacia

Occorre l'autorizzazione dell'ASL competente per la zona in cui si esercita.

Generi annessi ai distributori di carburante

Occorre la proprietà o titolarità dell'impianto e del terreno o il contratto di comodato d'uso della compagnia petrolifera.

Parafarmacia

Occorre la comunicazione di inizio attività di vendita di farmaci "da banco" al Ministero della Salute - Progetto Tracciabilità del Farmaco, all'Agenzia del Farmaco e alla Regione, ai sensi della L. 248/2006. Il Ministero della Salute attribuisce per ogni esercizio un codice identificativo. Nel negozio di parafarmacia occorre la presenza costante di un farmacista abilitato all'esercizio della professione e iscritto al relativo ordine.

Lenti e occhiali

Per quanto riguarda le lenti protettive e correttive di difetti visivi, occorre il titolo professionale di ottico, che non è invece necessario per la vendita di occhiali premontati di produzione industriale per la correzione della semplice presbiopia. Questi possono essere venduti nelle farmacie, negli esercizi commerciali di ottica e negli esercizi commerciali di articoli sanitari. Per altri articoli di ottica, tipo occhiali da sole non graduati, binocoli, cannocchiali ecc., non è richiesto un titolo specifico.

Erboristeria

Per i prodotti a base di erbe già preconfezionati basta la semplice comunicazione di inizio attività di vendita, con l'indicazione dei requisiti professionali per la vendita di alimentari. Se invece si parla di un'erboristeria vera e propria, che tratta, miscela e vende preparati di erbe sia sfusi che confezionati, occorre anche la laurea in Scienze e Tecnologie Erboristiche, che ha sostituito il vecchio diploma di Erborista, oppure la laurea in Farmacia.

L'erboristeria può vendere tutti i tipi di erbe, purché non si tratti di erbe medicinali: la vendita di erbe medicinali, o prodotti fitoterapici considerati a tutti gli effetti dei farmaci, è riservata alle farmacie.

Raccolta e vendita di piante officinali

Le piante officinali (piante medicinali, aromatiche e da profumo) sono state distinte dalla Circolare del Ministero della Sanità in due categorie. Nella prima categoria rientrano le piante medicinali vendibili solo dalle farmacie; nella seconda, le piante di uso comune vendibili anche al di fuori delle farmacie, tipo camomilla romana, liquirizia, malva, melissa, tiglio ecc.

Queste ultime possono essere vendute sfuse solo da un laureato in Scienze e Tecniche Erboristiche, nelle erboristerie vere e proprie; possono essere vendute confezionate da altri soggetti, nelle erboristerie ordinarie. Per la coltivazione e/o raccolta delle piante officinali occorre presentare apposita d.i.a. al Comune o alla Comunità Montana in cui si ha la residenza, con l'indicazione delle piante che si intendono raccogliere.

La laurea in Scienze e Tecniche Erboristiche consente automaticamente la coltivazione e la raccolta, nonché l'utilizzazione delle piante officinali, ma non la loro vendita, per la quale il laureato dovrà presentare la d.i.a. ai sensi del decreto Bersani.

Raccolta e vendita di funghi

Per la raccolta e vendita di funghi freschi spontanei occorre anzitutto l'attestato di idoneità dell'ASL, che sostituisce il vecchio "tesserino funghi", e un'apposita d.i.a. presentata al Comune in cui si trova l'esercizio o in cui si ha la residenza, ai sensi della L. 352/1993 e relativo regolamento di esecuzione D.P.R. 376/1995.

I funghi possono essere venduti dopo il controllo da parte dell'ASL. Le specie vendibili sono quelle elencate dal regolamento.

Non occorrono l'attestato e la d.i.a. per i funghi freschi coltivati, al contrario invece per i funghi porcini secchi sfusi. Il regolamento vieta la vendita al dettaglio di funghi secchi sfusi a eccezione dei porcini. Le Regioni regolano la raccolta e il commercio dei funghi.

Raccolta e vendita di tartufi

Occorre il tesserino di idoneità della Regione ai sensi della L. 752/85, mentre non occorre presentare apposita d.i.a. al Comune. Le Regioni regolano la raccolta e il commercio dei tartufi.

Semi, tuberi, piante

Occorre l'autorizzazione del Servizio Fitosanitario della Regione per chi produce e vende piante e semi o commercia piante, semi e legname all'ingrosso; non occorre tale autorizzazione per i commercianti al dettaglio e i produttori di patate e agrumi che vendono al consumatore finale (D. Lgs. 214/2005).

Commercio equo e solidale

Viene definito tale, in base alle leggi regionali, il partenariato con i produttori di beni e servizi di Paesi in via di sviluppo che prevede accordi di lunga durata, in modo da garantire una produzione continuativa, un certo livello di lavoro e il pagamento di un prezzo equo ai produttori. Questo tipo di commercio si articola in centrali di importazione (o ATOS, Alternative Trade Organizations) e "botteghe del mondo" che vendono i prodotti.

Per il commercio equo e solidale, agevolato e sostenuto economicamente dalle Regioni, occorre l'iscrizione al Registro Italiano delle organizzazioni di commercio equo e solidale (RIOCES) o l'accreditamento presso gli enti nazionali o internazionali del fair trade, come il WFTO (World Fair Trade Organization). L'iscrizione è consentita alle imprese e organizzazioni senza fini di lucro.

Animali d'affezione

Occorre l'autorizzazione sanitaria prevista dalle leggi regionali rilasciata dal Comune a seguito di parere favorevole dell'ASL di competenza, che deve valutare le caratteristiche dei locali, dei ricoveri degli animali, delle attrezzature utilizzate, nonché la formazione ed esperienza del venditore relativa agli animali d'affezione (cani, gatti, conigli, cavie, furetti, canarini, pesci rossi ecc.). Occorre inoltre un registro di carico e scarico per gli acquisti e le cessioni di animali, vidimato dall'ASL.

Animali esotici

Occorre l'autorizzazione sanitaria prevista dalle leggi regionali. Le Regioni possono richiedere per l'autorizzazione un apposito attestato, da conseguire al termine di un corso che prevede conoscenze di zoologia, etologia e igiene degli animali (scimmie, rettili, felini, pappagalli, tartarughe, pesci tropicali, coralli ecc.). L'autorizzazione è rilasciata dal Comune su parere favorevole dell'ASL di competenza, che deve valutare le caratteristiche dei locali e le competenze del venditore. Occorre anche qui un registro di carico e scarico vidimato dall'ASL.

Alcolici

Occorre la licenza fiscale dell'Ufficio Tecnico di Finanza o UTF, ai sensi del Testo Unico sulle Accise (TUA) - D. Lgs. 504/95. Per la vendita di vino da parte di produttori vinicoli occorre apposita d.i.a. ai sensi del R.D. 635/1940 (Regolamento di esecuzione del TULPS); per la vendita di vino da parte di produttori agricoli occorre la d.i.a. ai sensi del D. Lgs. 228/2001; per la mescita occorre l'autorizzazione alla somministrazione di alimenti e bevande ai sensi della L. 287/91.

Gastronomia

Per la vendita e il consumo sul posto di gastronomia pronta non si pongono problemi, sempre che non vi siano l'arredamento, l'attrezzatura e il servizio assistito al cliente, altrimenti occorre l'autorizzazione per la somministrazione di alimenti e bevande.

Per la cottura, il riscaldamento, lo scongelamento e altri tipi di manipolazione dei prodotti di gastronomia occorre l'autorizzazione per la somministrazione di alimenti e bevande ai sensi della L. 287/91. Identico discorso per altri alimenti, compresi il thè, il caffè, le tisane e simili.

Beni antichi o usati

Ai sensi del TULPS, occorre apposita d.i.a. (denuncia di inizio attività di vendita di cose antiche o usate) e il Registro delle vendite vidimato dal Comune.

CD e video

Occorre l'avviso o denuncia alla Questura del luogo in cui si trova l'esercizio.

SEGRETO n. 10: ogni settore richiede una professionalità specifica ed è soggetto a un controllo sulla regolarità della vendita.

RIEPILOGO DEL GIORNO 2:

- SEGRETO n. 6: non si può aprire un'attività e mettersi a commerciare dall'oggi al domani, anche se il legislatore, grazie alle nuove procedure telematiche, ci assicura di sì.

- SEGRETO n. 7: i finanziamenti pubblici non rientrano nel sistema, ma il modo di ottenerli si trova sempre! Rivolgetevi al Comune, alle Camere di Commercio di zona, alle Regioni e al Ministero per lo Sviluppo Economico.

- SEGRETO n. 8: il commercio inizia con una dichiarazione al Comune, ma si avvia veramente con l'insegna e la pubblicità.

- SEGRETO n. 9: i tempi per avviare un'impresa non dipendono tanto dal sistema, che è diventato sempre più telematico, quanto dal numero dei soggetti coinvolti nel sistema: più sono e più si perde tempo, anche se c'è lo sportello "unico"!

- SEGRETO n. 10: ogni settore richiede una professionalità specifica ed è soggetto a un controllo sulla regolarità della vendita.

GIORNO 3:

Come si commercia su area privata

Elemento distintivo per il commercio su area privata è la **superficie di vendita**. Il decreto Bersani dà una definizione generale, applicabile per esclusione: è superficie di vendita tutto ciò che rimane, tolta la superficie destinata a magazzino, deposito, a locali di lavorazione, uffici, servizi e altri locali non aperti e accessibili al pubblico. Si tratta quindi dello spazio organizzato per l'esposizione dei prodotti, la visione, la prova e il pagamento, contenente gli scaffali o altri tipi di espositori, i banconi, i retro-vetrina e i camerini.

Le Regioni poi possono intervenire per dettagliare questa definizione. La Regione Piemonte, ad esempio, per le strutture che trattano merci ingombranti (tipo mobili, autovetture, materiali per l'edilizia e simili), che non sempre vengono consegnate immediatamente al cliente, ha distinto una "superficie espositiva" e una superficie più propriamente di vendita, consistente nel locale in cui avvengono l'ordinativo, la contrattazione sul prezzo e la consegna.

Nel centro commerciale, che in genere comprende al proprio interno un supermercato suddiviso in reparti – media o grande struttura di vendita – e più negozi specializzati, la superficie di vendita è data dalla somma delle superfici dei negozi e dei supermercati, escluse le zone "a galleria" per il passaggio dei clienti, le scalinate, le scale mobili, gli ascensori, le aree di parcheggio ecc.

I locali di vendita devono essere chiaramente delimitati. Nei confronti della clientela deve essere ben chiara l'attività di un negozio rispetto a un'altra. I locali possono anche essere comunicanti, ma devono fare capo alla stessa impresa commerciale, che risponde direttamente per la vendita dei suoi prodotti. Non sono quindi possibili due locali comunicanti facenti capo ad attività di due imprese diverse: i locali devono essere separati e avere due ingressi distinti. In caso contrario, ci troviamo di fronte a un centro commerciale.

La legge richiede inoltre una separazione tra attività all'ingrosso e attività al dettaglio. Il decreto Bersani vieta l'esercizio congiunto nello stesso locale dell'attività di vendita all'ingrosso e al dettaglio, salvo deroghe stabilite dalle Regioni. Consente tuttavia la prosecuzione delle due attività nei locali già operanti alla data del 24/04/99, data di entrata in vigore del decreto.

Il divieto è stato introdotto con la L. 426/71 – dunque precedentemente al decreto Bersani – che ha liberalizzato il commercio all'ingrosso. Per questa forma di commercio, infatti, dal 1971 non occorre più una comunicazione al Comune o un'autorizzazione comunale, basta una semplice comunicazione in Camera di Commercio. La separazione delle attività dunque corrisponde a un diverso tipo di regime e controllo pubblico.

Le Regioni d'altro canto hanno temperato questo divieto, escludendo la separazione delle due attività per una serie di articoli: macchine, attrezzature e articoli tecnici per l'agricoltura, l'industria, il commercio e l'artigianato; materiale elettrico; colori, vernici e carte da parati; ferramenta e utensileria; articoli per impianti idraulici, a gas e igienici; articoli per riscaldamento; strumenti scientifici e di misura; macchine per ufficio (comprese le apparecchiature informatiche); veicoli e relativi accessori e parti di ricambio; combustibili; materiale per edilizia; legnami. Per questi generi si è dunque consolidato l'uso della vendita sia all'ingrosso che al dettaglio nello stesso locale.

Per i locali sono previsti dei requisiti tecnici e sanitari. Riguardo al primo profilo, **i locali devono avere una destinazione d'uso commerciale**, ricavabile dal Piano Regolatore Generale (PRG) e relative norme tecniche attuative (NTA), nonché dal Piano Commerciale previsto dal decreto Bersani.

Il Piano Commerciale è di competenza regionale. La Regione deve dettare gli indirizzi generali per l'insediamento delle attività commerciali, mentre il Comune deve adeguare il proprio PRG a queste direttive, in sostanza individuando le aree da destinare agli esercizi commerciali, in particolare alle medie e grandi strutture.

Per i locali commerciali già esistenti la destinazione d'uso, dopo la L. 10/77 nota come Legge Bucalossi, risulta dalla concessione edilizia che è conforme alle previsioni di PRG o dal permesso di costruire introdotto dal D.P.R. 380/2001 Testo Unico sull'Edilizia.

Per il periodo dal 1942 al 1977, risulta dalla certificazione storica catastale, in cui si dichiara che il locale è stato accatastato per uso commerciale; mentre prima del 1942, ovvero prima della Legge Urbanistica, occorre l'attestazione di un tecnico abilitato che dichiari che il locale è stato costruito prima del 17/08/42 con una destinazione d'uso commerciale, senza subire modifiche successive.

Se dalle carte risulta un'altra destinazione, si può chiedere la variazione a uso commerciale; occorre in tal caso una pratica edilizia, dopo aver verificato che ciò sia consentito dal PRG e dalle NTA.

In caso di interventi edilizi, dalla costruzione, alla ristrutturazione, alla manutenzione ordinaria, occorrono rispettivamente il permesso di costruire o la denuncia di inizio attività (d.i.a. edilizia), ai sensi del Testo Unico sull'Edilizia, salvi gli "interventi di edilizia libera" previsti dalla L. 73/2010, in parte realizzabili senza alcun titolo abilitativo e in parte realizzabili con semplice comunicazione di inizio lavori.

Gli interventi presuppongono il rispetto del regolamento edilizio comunale, del Codice dei Beni Culturali, nel caso i locali siano inseriti in edifici di interesse storico tutelati come beni culturali, della normativa sull'abbattimento delle barriere architettoniche, nelle zone sismiche, sull'inquinamento acustico, sulla prevenzione incendi e sul risparmio energetico.

Per i nuovi locali commerciali bisogna tenere conto delle previsioni del PRG e del Piano Commerciale, ovvero del PRG adeguato secondo le disposizioni commerciali della Regione.

Per quanto riguarda l'aspetto igienico-sanitario, va detto che nulla è previsto per gli esercizi commerciali di generi extralimentari. Si tratta di un caso raro, ma possibile, di vuoto normativo. In linea generale si può far riferimento a quanto previsto dal **Testo Unico delle Leggi Sanitarie** (TULS) per l'igiene dell'abitato (R.D. 1265/1934 art. 218), ripreso dai regolamenti di igiene comunali.

Il TULS richiede la presenza di finestre che consentano una sufficiente aerazione e illuminazione, l'allacciamento all'acquedotto e alla fognatura, la presenza di servizi igienici, un sistema di raccolta e smaltimento dei rifiuti.

Per i servizi igienici non è previsto alcun obbligo, a differenza degli esercizi pubblici, per cui i negozi potrebbero esserne sprovvisti. Solo in caso di ristrutturazione, occorre adeguarsi alla L. 13/89 sull'abbattimento delle barriere architettoniche, predisponendo accessi e servizi per disabili.

Riguardo alla pulizia dei locali destinati alla vendita di extralimentari, ugualmente, nulla è stato previsto. Normalmente gli esercenti, per consuetudine e per interesse personale, vi provvedono; in caso contrario si potrebbe richiedere un intervento dell'ASL.

Non si pone nemmeno il problema di un'uscita di sicurezza sul retro, in quanto le vie di fuga sono rilevanti solo per i grandi empori oltre i 400 mq. In linea generale bisognerebbe fare una valutazione dei rischi di incendio. Per piccole superfici, fino a 50 mq., si potrebbe anche fare a meno di un'uscita di sicurezza, ma si tratta di indicazioni di massima e di buon senso.

Diversamente stanno le cose per i locali destinati alla vendita di generi alimentari. In materia è senza dubbio da ricordare come fondamentale la **Direttiva 93/43/CEE** o **Direttiva Igiene**, recepita in Italia con il D. Lgs. 155/97, che ha introdotto nel nostro ordinamento l'obbligo di seguire un sistema di prevenzione dei rischi per la salute dei consumatori (il sistema HACCP), ma soprattutto **il principio della responsabilità dell'impresa operante nel settore alimentare**.

Questo principio comporta la predisposizione di un programma di lavoro da eseguire puntualmente, la formazione e l'istruzione del personale e un sistema di controlli, in modo da evitare contaminazioni degli alimenti a livello di conservazione, stoccaggio, esposizione e manipolazione, fino alla consegna al consumatore finale.

A questo primo intervento significativo della Comunità Europea hanno fatto seguito dei regolamenti comunitari direttamente applicabili negli stati membri, che formano la disciplina base del c.d. "**Pacchetto Igiene**" entrato in vigore il 1° gennaio 2006.

Particolarmente importante è il **Regolamento 852/2004/CEE** che si riferisce non solo alle attività di produzione, ma anche a quelle di trasformazione e distribuzione, ossia di vendita, di alimenti. Per tutte queste attività vengono date disposizioni precise sui locali, i servizi, le attrezzature e il personale.

Queste disposizioni sono sostanzialmente riconducibili alla nostra L. 283/62 e relativo regolamento di attuazione D.P.R. 327/80, che prevedono i requisiti minimi di igiene per gli stabilimenti e i laboratori che trattano alimenti.

I requisiti minimi riguardano la struttura del locale. Il locale deve avere un vano-deposito, un vano-spogliatoio per gli addetti alla vendita, servizi igienici distinti per il pubblico e per il personale o, in mancanza di spazio, anche unici.

I servizi igienici devono essere in numero adeguato agli addetti, divisi per sesso oltre i 10 addetti, aerati e illuminati direttamente dall'esterno, salvo aerazione artificiale, pavimenti e pareti rivestiti con piastrelle. Devono esserci anti-bagno con lavelli che dispongono di acqua calda e fredda e rubinetti a comando non manuale (es. a pedale), distributori di sapone, asciugamani usa e getta o ad aria, serramenti facilmente lavabili e disinfettabili.

Gli spogliatoi devono essere in numero adeguato agli addetti e divisi per sesso oltre i 5 addetti, normalmente aerati e illuminati direttamente dall'esterno, provvisti di armadietti individuali in materiale facilmente lavabile e disinfettabile.

I vani-deposito devono essere sufficientemente ampi, normalmente aerati e illuminati dall'esterno, dotati di presa d'acqua corrente, se non sono vicini al locale di vendita (diversamente non possono contenere frigoriferi, congelatori e confezioni alimentari deperibili), attrezzati con scaffalature in modo che gli alimenti siano mantenuti sollevati da terra.

I vani-deposito possono contenere anche prodotti per le pulizie, purché questi vengano tenuti separati dagli alimenti.

Il locale di vendita deve avere dimensioni adeguate al tipo di attività, pavimenti in materiale lavabile e disinfettabile, pareti e soffitti intonacati e tinteggiati, illuminazione e aerazione proporzionata alla superficie di calpestio, banchi di vendita e piani di lavoro in materiale lavabile e disinfettabile, così come i taglieri, la coltelleria, che deve essere in acciaio inox, e le apparecchiature varie (affettatrice, frullatore, forno a microonde ecc.).

Gli alimenti devono essere protetti in contenitori chiusi o incarti adatti e conservati in frigoriferi muniti di termometro a vista, per il controllo della temperatura. Tutti i locali devono essere periodicamente puliti, in modo da evitare accumuli di sporcizia, formazione di condensa e muffa.

È necessario l'allacciamento all'acquedotto, con erogazione di acqua potabile, e l'allacciamento alla fognatura pubblica o altro sistema di smaltimento delle acque nere. I rifiuti devono essere raccolti in idonei raccoglitori, con coperchio ad apertura non manuale, e periodicamente svuotati.

Altra novità del Regolamento 582 è che per tutte le attività è richiesta una registrazione presso l'autorità competente in materia sanitaria. La Conferenza Stato-Regioni del 2006 ha stabilito che per effettuare questa registrazione occorre presentare una denuncia di inizio attività o **d.i.a. sanitaria** al Comune, il quale provvede a inviarne copia all'ASL per gli opportuni controlli.

Alcune Regioni poi hanno distinto tra "d.i.a. semplice" e "d.i.a. differita": la prima efficace immediatamente, per la maggior parte dei prodotti alimentari; la seconda efficace dopo 30 giorni (il tempo utile per effettuare i controlli dell'ASL), per prodotti di macelleria e pescheria (carni e pesce freschi o congelati), per i quali prima era richiesta l'autorizzazione sanitaria.

La nuova Conferenza Stato-Regioni del 2010 ha eliminato questa distinzione, prevedendo un'unica d.i.a. sanitaria da presentare all'ASL, in linea con la Direttiva Bolkestein tesa a eliminare ogni impedimento alla libertà di stabilimento. Le ASL possono comunque accordarsi con i Comuni, per mantenere l'attuale sistema di presentazione della d.i.a. sanitaria al Comune.

Le Regioni hanno tra l'altro eliminato l'obbligo del libretto sanitario per il personale addetto alla vendita di alimentari, in ossequio al principio per cui è responsabilità dell'impresa operante nel settore alimentare istruire, seguire e controllare il proprio personale.

SEGRETO n. 11: anche per i locali commerciali sono previsti dei requisiti, di tipo urbanistico-edilizio e igienico-sanitario.

Gli esercizi "di vicinato"

Per le piccole strutture di vendita, il Decreto Bersani ha scelto la soluzione più semplice della comunicazione di inizio attività al Comune (la C.I.A.), in cui l'esercente autocertifica:

- i dati personali, dell'impresa e dell'attività (sede, denominazione, codice fiscale o partita IVA, attività di vendita: generi alimentari o extralimentari);
- i dati del locale (ubicazione, destinazione d'uso, conformità alla normativa urbanistico-edilizia e igienico-sanitaria, superficie di vendita e superficie complessiva in mq.);
- i requisiti morali e i requisiti professionali, per la vendita di alimentari.

Questo tipo di comunicazione aveva un solo svantaggio: dovevano passare 30 giorni prima di poter iniziare l'attività, in caso di nuova apertura, di trasferimento o di aggiunta di un nuovo settore di vendita. Eliminato questo vincolo temporale, il D. Lgs. 59/2010 ha modificato la C.I.A. in D.I.A. (dichiarazione di inizio attività).

A questo punto però la dichiarazione veniva a coincidere con l'autorizzazione, in quanto consentiva di iniziare a operare immediatamente, sin dal momento della sua presentazione. C'era perciò bisogno che la dichiarazione fosse particolarmente attendibile. Ecco perchè la L. 122/2010 ha introdotto, a partire dal 31 luglio dello stesso anno, la **segnalazione certificata di inizio attività**, la **S.C.I.A.**, che è andata a sostituire la precedente D.I.A.

Che cosa è cambiato in sostanza, oltre al nome?
Dipende dal tipo di S.C.I.A. Se si tratta solo di subentrare in un'attività già iniziata, per acquisto o affitto d'azienda, l'esercente può autocertificare direttamente i propri dati e quelli dell'attività, nonché quelli dei locali, purché nulla sia cambiato a livello urbanistico-edilizio e igienico-sanitario.

In caso di nuova attività, di trasferimento, di riduzione o ampliamento della superficie, deve intervenire l'attestazione e asseverazione di un tecnico abilitato, che deve fornire anche una planimetria e una relazione tecnica sullo stato dei locali.

SEGRETO n. 12: per quanto riguarda gli esercizi di vicinato si è passati da un sistema che prevedeva un inizio prorogato a uno che consente di iniziare immediatamente presentando una segnalazione certificata di inizio attività.

In che cosa consistono l'attestazione e l'asseverazione?
La prima è un'attività descrittiva: il tecnico dichiara come si presentano i locali e quali opere sono state fatte. La seconda è un'attività valutativa: il tecnico dichiara che i locali sono conformi alla normativa urbanistico-edilizia e igienico-sanitaria ovvero dichiara che la situazione di fatto da lui visionata e controllata corrisponde a quanto previsto dalla normativa vigente.

Non c'è dubbio: per chi deve iniziare a commerciare, sono tempi supplementari e spese ulteriori, ma le Regioni possono temperare il rigore legislativo prevedendo diverse possibilità: rivolgersi al professionista, autocertificare la situazione dei locali, fornire della documentazione da cui si ricavi la conformità dei locali alla normativa urbanistico-edilizia e igienico-sanitaria.

Resta fermo l'obbligo delle "dichiarazioni" per la cessazione dell'attività, la rinuncia, la sospensione e la ripresa dell'attività, le modifiche societarie (variazioni di sede, di soci, di denominazione, di preposti), gli affidamenti di reparto e per l'aggiunta di un settore non alimentare.

È chiaro infatti che chi già vende dei generi alimentari ha locali strutturalmente e igienicamente adeguati dal punto di vista sanitario, per cui può bastare una semplice dichiarazione per l'aggiunta del settore non alimentare. Non così invece per chi vende generi extralimentari e vuole aggiungere quelli alimentari. In questo caso occorre la S.C.I.A. Stesso discorso per chi vuol passare dagli extralimentari agli alimentari (mentre per l'inverso basta una comunicazione).

Analogo ragionamento per i produttori agricoli che vogliono vendere i propri prodotti in un apposito locale su area privata.

Questi sono soggetti a una comunicazione particolare per la categoria, che richiede tra l'altro l'indicazione dei fondi di produzione e l'elenco dei prodotti coltivati e venduti. Poiché però vendono generi alimentari, per i quali occorrono degli appositi locali, anche per loro occorre una S.C.I.A.

Per le farmacie, le tabaccherie e i distributori di carburante che intendano vendere i generi annessi, la S.C.I.A. può essere semplificata presentando un'autocertificazione sulla conformità dei locali. Per la vendita di generi alimentari (anche quelli che rientrano nei generi annessi), si può allegare alla S.C.I.A. la d.i.a. sanitaria, se non è previsto l'invio direttamente all'ASL.

La S.C.I.A. può essere presentata molto velocemente e in diversi modi: di persona oppure tramite fax, posta tradizionale e posta elettronica certificata. Nel primo caso, al momento della presentazione viene rilasciata una ricevuta che permette di iniziare subito l'attività. Anche in tutti gli altri casi è possibile avviare l'attività immediatamente, in attesa della ricevuta da parte del Comune. Fanno fede infatti il referto positivo dell'invio del fax o della posta elettronica, così come il cedolino bianco della raccomandata con ricevuta di ritorno (anche se non vi è la piena prova che il Comune abbia ricevuto la comunicazione).

In tutti i casi, l'Amministrazione ha 60 giorni di tempo, dal ricevimento della S.C.I.A., per effettuare le verifiche del caso ed eventualmente intervenire.

Il Comune normalmente verifica in un primo momento la completezza delle dichiarazioni, per cui controlla se mancano delle firme e se il dichiarante è in possesso dei requisiti morali e professionali o, in caso di cittadini extracomunitari, del permesso di soggiorno. La mancanza, la carenza, l'imprecisione di questi dati può avere conseguenze non indifferenti.

La mancanza della firma, per esempio, spesso dovuta a una semplice dimenticanza, comporta l'improcedibilità della pratica: la pratica non ha alcun effetto di legge ed è come se non fosse mai stata presentata, poiché non è riconducibile ad alcun soggetto. In questo caso l'esercente si trova nella stessa condizione di chi opera abusivamente.

Stesso discorso in caso di mancanza del documento di identità personale, poiché non risulta comprovata la provenienza della pratica.

La mancanza o la non chiara indicazione dei requisiti morali e professionali, la mancanza del permesso di soggiorno e della dichiarazione "antimafia" comportano una richiesta di integrazione da parte del Comune, che costituisce anche avvio al procedimento di divieto di esercizio dell'attività ai sensi della L. 241/90.

Se i dati o i documenti richiesti non vengono integrati nel termine indicato (10 giorni dal ricevimento dell'atto), viene emesso un provvedimento di divieto.

Provvedimenti di divieto possono essere emessi anche in caso di indicazione di un preposto alla vendita di alimentari da parte di una ditta individuale (il preposto può essere indicato solo da una società), in caso di vendita al minuto e all'ingrosso nello stesso locale e nel caso in cui due attività facenti capo a due imprese diverse vengano svolte presso lo stesso locale.

La richiesta di integrazione avviene per iscritto con lettera raccomandata, che per motivi vari (irreperibilità, mancanza del nome della ditta o società all'indirizzo, perdita dell'avviso di giacenza, mancato ritiro alla Posta), può non venire a conoscenza dell'esercente.

Per il Comune però la lettera, una volta inviata, risulta recapitata, per cui ci si può trovare improvvisamente di fronte a un provvedimento di divieto consegnato dalla Polizia Municipale, che impone di chiudere l'attività, pena la sanzione di 5.000 euro.

È possibile naturalmente chiedere una revisione del provvedimento, adducendo valide motivazioni (assenza prolungata per ferie, motivi familiari, malattia, disguidi postali ecc.), ma in ogni caso passerà del tempo e nel mentre non sarà possibile esercitare l'attività.

Contro il provvedimento si può anche presentare ricorso al Tribunale Amministrativo Regionale, TAR, entro 60 giorni dalla notifica, o fare un ricorso straordinario al Presidente della Repubblica entro 120 giorni dalla notifica.

SEGRETO n. 13: bisogna prestare attenzione alle formalità. La forma, in questo caso, racchiude la sostanza.

I controlli più approfonditi vengono fatti a campione: ogni mese vengono estratte delle date e, per quelle date, i nominativi delle imprese che hanno presentato le comunicazioni e le segnalazioni. Di queste imprese si vanno a richiedere i certificati penali, le visure camerali, le attestazioni all'INPS o agli Istituti di formazione professionale, i controlli sui locali da parte della Polizia Municipale. In caso di incongruenze, viene emesso l'avvio al divieto e successivamente il divieto.

Le medie strutture di vendita

Sono esercizi con superficie di vendita superiore a 250 mq. e fino a 2500 (o superiore a 150 e fino a 1500 nei piccoli comuni). Per queste strutture non basta una comunicazione, sia pure certificata: occorre una **domanda di autorizzazione**. La domanda, oltre a indicare i dati già visti per gli esercizi di vicinato (dati dell'impresa, requisiti morali e professionali, d.i.a. sanitaria per i generi alimentari), deve comprendere anche:

1. Una planimetria dell'area e della struttura, con indicazione

della relativa superficie di vendita e della superficie complessiva.

2. La relazione tecnico-descrittiva dell'iniziativa, che illustra se si tratta di un unico esercizio o di un centro commerciale, di un supermercato classico o di un discount; se si tratta di un'opera volta alla riqualificazione urbana e commerciale della zona; se dispone di aree adeguate per il carico-scarico e deposito delle merci, di adeguate uscite di sicurezza e di parcheggi. La struttura commerciale con superficie di vendita superiore a 400 mq. deve avere dei "**parcheggi pubblici**" nella misura stabilita dalle leggi regionali (le Regioni in genere richiedono parcheggi pubblici nella misura di 1 mq. per ogni mq. di superficie di vendita, ma possono essere previsti valori più alti). In pratica l'impresa deve obbligarsi con un atto scritto a lasciare aperte al pubblico le aree destinate a parcheggio, tranne quelle di uso riservato. Se non è possibile disporre di aree parcheggio, si può proporre l'utilizzo di un'autorimessa vicina o la monetizzazione, cioè il pagamento di una somma in base ai parametri stabiliti dal Comune. Il Comune dovrà poi valutare, in base alla zona interessata, se consentire o meno la monetizzazione; se questa non viene consentita,

l'autorizzazione non può essere rilasciata.

3. Se la struttura deve ancora essere costruita o ristrutturata, alla domanda bisogna allegare la documentazione edilizia per il permesso di costruire o la d.i.a. edilizia. Se la struttura è già stata costruita, basta solo indicare i dati del permesso di costruire o della d.i.a. edilizia e del certificato di agibilità.

4. In base alla L. 447/95 (Legge quadro sull'inquinamento acustico) occorre allegare alla domanda la previsione di impatto acustico e, se si prevedono valori di emissioni sonore superiori a quelli legali, l'indicazione delle misure per ridurre o eliminare le emissioni causate dall'attività o dagli impianti.

5. Leggi regionali possono prescrivere oltre una certa metratura anche una valutazione di impatto sulla viabilità e il traffico.

6. Per le superfici superiori a 400 mq. occorre il certificato di prevenzione incendi o la richiesta di parere di conformità antincendio dei Vigili del Fuoco, cui dovrà seguire il certificato di prevenzione incendi.

La domanda di autorizzazione per una data zona presuppone che il Comune abbia adeguato il PRG alle direttive commerciali della Regione e, di conseguenza, abbia destinato quella zona a uso commerciale per medie strutture di vendita. Se il Comune non ha provveduto, l'attività commerciale non è bloccata, ma segue automaticamente le direttive della Regione.

A seguito della domanda, il Comune provvede a richiedere i pareri di competenza di altri uffici: ad esempio, il parere dell'ufficio tecnico per gli interventi edilizi, dell'ufficio-ambiente per l'inquinamento acustico, del Comando dei Vigili del Fuoco per la prevenzione incendi.

Se occorrono molti pareri diversi (per esempio dell'ASL, della Soprintendenza dei Beni ambientali e architettonici, dell'ufficio della viabilità, del traffico, del suolo pubblico), può anche essere convocata una Conferenza di Servizi.

Il Comune ha tempo 90 giorni per fare le verifiche del caso e impedire l'attività con un provvedimento di diniego; solo 10 giorni per chiedere (una sola volta) eventuali integrazioni o chiarimenti. Decorso il termine di 90 giorni, la domanda si intende accolta. Viene comunque emesso un atto finale di autorizzazione.

Contro un eventuale diniego si può presentare ricorso al Tribunale Amministrativo Regionale entro 60 giorni dalla notifica o fare un ricorso straordinario al Presidente della Repubblica entro 120 giorni.

L'attività deve essere aperta entro un anno dall'autorizzazione, altrimenti il Comune dispone la revoca. Può essere chiesta comunque una proroga dell'attivazione, in base alle leggi regionali, per situazioni di necessità quali lavori di ristrutturazione, rifiniture, ammodernamenti ecc.

Resta fermo l'obbligo di presentare le dichiarazioni per il subingresso, la cessazione dell'attività, la rinuncia, la sospensione e la ripresa dell'attività, le modifiche societarie (variazioni di sede, di soci, di denominazione, di preposti), gli affidamenti di reparto e per l'aggiunta del settore alimentare o non alimentare.

Le grandi strutture di vendita

Sono esercizi con superficie di vendita superiore a 2500 mq. (o a 1500 nei piccoli comuni). Anche per questi esercizi occorre una

domanda di autorizzazione.

La domanda deve contenere, oltre ai dati già visti per gli esercizi di vicinato e per le medie strutture di vendita, della documentazione aggiuntiva, come l'analisi sul sistema distributivo presente nella zona interessata, sullo sviluppo della rete commerciale e sull'occupazione, la valutazione ambientale, le modifiche alla viabilità, le aree a verde e a servizi, la stima del personale da occupare e del fatturato.

La domanda va presentata al Comune e inviata in copia alla Provincia e alla Regione. Il Comune ha tempo 10 giorni per chiedere integrazioni e chiarimenti; inoltre deve obbligatoriamente convocare la Conferenza di Servizi composta da tre soggetti rappresentanti di Comune, Provincia e Regione.

Entro 90 giorni dalla sua convocazione la Conferenza deve prendere una decisione, positiva o negativa (la decisione è presa a maggioranza, ma prevale il parere del rappresentante della Regione). Nel primo caso, il Comune deve rilasciare l'autorizzazione entro 30 giorni dalla decisione; nel secondo, il

Comune emette il provvedimento di diniego entro 120 giorni dalla convocazione della Conferenza. In assenza di diniego l'attività si intende autorizzata.

Contro il diniego si può presentare ricorso al Tribunale Amministrativo Regionale entro 60 giorni dalla notifica o ricorso straordinario al Presidente della Repubblica entro 120. L'attività deve essere aperta entro 2 anni dall'autorizzazione, in difetto il Comune dispone la revoca, ma può essere chiesta una proroga dell'attivazione in base alle leggi regionali.

I centri commerciali

Il centro commerciale è una piccola, media o grande struttura con più esercizi commerciali al suo interno. Comunemente si tratta di un supermercato e di più negozi specializzati per generi, tipo ottica, parafarmacia, abbigliamento, calzature, gioielli, casalinghi ecc., oltre a servizi di ristorazione, bar, tabaccheria, edicole, agenzie di viaggio e di assicurazione.

La proprietà della struttura è di una società, mentre la titolarità o la gerenza degli esercizi commerciali fa capo a più commercianti.

La società proprietaria infatti, ottenuta l'autorizzazione, può presentare tante dichiarazioni o S.C.I.A. a nome suo per i negozi presenti e poi darli in gerenza ai vari commercianti, oppure lasciare che i commercianti presentino direttamente la S.C.I.A. a nome loro. Per la media o grande struttura può mantenere l'autorizzazione a nome suo o intestarla ad altra impresa.

Esistono altri tipi di centri commerciali costituiti da più strutture collegate attraverso pontili, vialetti o gallerie o da più negozi che si affacciano in una zona circoscritta. Per un centro commerciale, anche se si tratta di una piccola struttura, occorre una domanda di autorizzazione generale. La domanda deve indicare i dati già visti per gli esercizi di vicinato e le medie o grandi strutture di vendita; inoltre deve già specificare quale impresa condurrà la media o grande struttura di vendita, se diversa dalla società proprietaria.

La domanda può anche essere presentata da un promotore che al momento non ha i requisiti professionali e verrà poi sostituito, all'atto dell'autorizzazione, dai soggetti che hanno i requisiti. La domanda viene valutata dal Comune o dalla Conferenza di Servizi, a seconda che si tratti di media o grande struttura e a seconda degli aspetti da valutare.

Medie, grandi strutture e centri commerciali vengono autorizzati per una determinata superficie di vendita; tale superficie può poi essere organizzata/suddivisa/ridivisa come meglio ritiene l'impresa proprietaria.

SEGRETO n. 14: per gli esercizi di vicinato vale la regola dell'autocertificazione e del successivo controllo a campione; per gli altri esercizi commerciali vale invece la regola del controllo e della successiva autorizzazione.

Dopo l'inizio dell'attività

Le attività sono soggette a continui cambiamenti, in base all'andamento del mercato. Le vicende più usuali sono la vendita e l'affitto d'azienda e il cambio di locale. Per ogni vicenda bisogna capire i meccanismi e le conseguenze.

La **vendita d'azienda** comporta il trasferimento dell'azienda a un nuovo titolare, quindi un cambio di titolarità, con la conseguenza che la S.C.I.A. o l'autorizzazione commerciale deve essere volturata, intestata a un'altra impresa. La voltura deve essere effettuata da chi acquista, presentando la S.C.I.A. o la dichiarazione di subingresso. Chi vende invece non deve fare nulla. Normalmente non deve comunicare la cessazione, perché questa avviene in automatico (alcuni Comuni possono però richiederlo).

Sono equiparabili alla vendita altre situazioni come la donazione, la riduzione della società a unico socio con passaggio da una società a un'impresa individuale, il conferimento d'azienda in società con passaggio da un'impresa individuale a una società, la fusione, la scissione e l'incorporazione societaria, la **successione ereditaria**.

Quest'ultima vicenda presenta sempre qualche inconveniente. Nessun problema se vi è un unico erede che continua l'impresa del predecessore; diversamente si apre una comunione ereditaria che può continuare l'impresa come società di fatto o come società regolare. La società di fatto è una società in cui manca l'atto costitutivo notarile e l'iscrizione camerale; può operare con un suo codice fiscale/partita IVA e commerciare, ma non a lungo.

Prima o poi dovrà regolarizzarsi come società tipica prevista dalla legge, cioè costituirsi con un atto di notaio e registrarsi alla Camera di Commercio, a meno che non intervenga un patto tra gli eredi per cui alcuni rinunciano in favore di uno o più di loro che continuano l'impresa (patto che deve essere formalizzato da un notaio).

Altro inconveniente si presenta se l'erede destinato a continuare l'impresa non possiede i requisiti professionali del predecessore per la vendita di alimentari; in tal caso la legge regionale può consentire all'erede di continuare l'attività in attesa dell'acquisizione dei requisiti, entro un congruo termine dalla morte del predecessore (in genere 1 anno).

L'**affitto d'azienda**, a differenza della vendita, non comporta una voltura, per cui il titolare rimane sempre lo stesso; semplicemente questo si avvale di un gestore. La S.C.I.A. o dichiarazione di subingresso per gerenza viene presentata dal gerente. Al termine della gerenza il titolare potrà riprendere la propria attività, con una reintestazione, oppure darla nuovamente in gerenza.

In questo caso i gerenti si susseguono uno dopo l'altro, senza bisogno di una reintestazione tra una gerenza e l'altra. Se il contratto di affitto scade o si risolve e non interviene né una reintestazione, né una nuova gerenza, l'attività viene sospesa d'ufficio dal Comune per 1 anno, dopodiché interviene la revoca dell'autorizzazione o la chiusura dell'esercizio di vicinato.

L'affitto d'azienda, come la vendita richiede sempre un atto notarile o una scrittura privata autenticata; lo stesso vale per lo scioglimento del contratto d'affitto.

Altra questione è il **subaffitto d'azienda**. Per legge il locale commerciale può essere condotto dal titolare o dal gerente: non sono ammesse altre figure. Diversamente per uno stesso locale si avrebbe una doppia gerenza, con inevitabile confusione dell'Amministrazione e della clientela.

Se un nuovo soggetto viene a disporre del locale (il subaffittuario o subgerente), costui diventa automaticamente il nuovo gerente, per cui occorre una nuova S.C.I.A./dichiarazione di subingresso per gerenza. In assenza di segnalazioni/dichiarazioni, la subgerenza è irrilevante; il subgerente è come se fosse un commesso.

L'**affidamento di reparto** presuppone un'organizzazione del locale commerciale per reparti (es. reparto profumeria, pasticceria o macelleria di un supermercato). Richiede un atto notarile o scrittura privata autenticata di affidamento dell'attività a una determinata impresa e un'apposita comunicazione al Comune, contenente anche l'accettazione dell'affidatario.

L'affidatario del reparto alimentari deve avere i requisiti professionali richiesti. Per il reparto di parafarmacia o "corner farmaceutico" occorre la presenza e l'assistenza personale e diretta al cliente di uno o più farmacisti abilitati all'esercizio della professione e iscritti al relativo ordine.

Allo stesso modo, per il reparto di ottica dedicato alla vendita di lenti e occhiali occorre la presenza e l'assistenza di un ottico.

L'**ampliamento di superficie di vendita** per gli esercizi di vicinato fino a 250 mq. non pone problemi; oltre tale metratura, invece, bisogna presentare una domanda di autorizzazione per media struttura.

Diverso il discorso per medie e grandi strutture di vendita o centri commerciali. Questi esercizi vengono infatti autorizzati per una determinata superficie di vendita; l'ampliamento comporta una nuova domanda e una nuova autorizzazione. Per questo motivo non sono ammesse attività di vendita aggiuntive come stand e banchetti nelle gallerie (ma solo attività espositive), perché queste comportano un aumento della superficie di vendita e una nuova autorizzazione.

La riduzione di superficie invece non presenta problemi: nel decreto Bersani non è neppure menzionata. Le Regioni richiedono comunque una dichiarazione.

Il **trasferimento di attività** comporta il proseguimento dell'attività in altro locale commerciale. Se si tratta di un esercizio di vicinato, basta una semplice dichiarazione al Comune. Ciò non è consentito per le medie e grandi strutture di vendita.

La **sospensione dell'attività** per piccole, medie e grandi strutture non può superare l'anno. La sospensione oltre l'anno comporta la decadenza (perdita del diritto di esercitare l'attività) o la revoca dell'autorizzazione.

La comunicazione della sospensione non è obbligatoria, ma conviene presentarla ai fini della riduzione di imposte e tasse, in particolare la tassa sui rifiuti. Allo stesso modo conviene sempre presentare la comunicazione di ripresa, onde evitare provvedimenti di revoca o di chiusura.

L'inattività nel periodo iniziale dell'esercizio commerciale determina la revoca dell'autorizzazione per le medie strutture, se protratta per oltre un anno, e per le grandi strutture, se protratta per oltre 2 anni; a meno che non venga richiesta una proroga per l'attivazione, per giustificati motivi in base alle leggi regionali. Nulla è detto per il mancato inizio dell'attività di una piccola struttura di vendita o esercizio di vicinato, che pure può creare degli inconvenienti per i consumatori, specie in una località turistica. In questo caso i Comuni possono ordinare la chiusura per sospensione dell'attività oltre l'anno.

La **cessazione** può riguardare l'intera attività o uno o più locali; deve comunque essere comunicata al Comune. La mancata comunicazione comporta la cessazione d'ufficio.

La **rinuncia** consiste nel ritiro di una segnalazione o di una domanda di autorizzazione presentate da poco (diversamente si profila una cessazione) e richiede la dichiarazione al Comune.

SEGRETO n. 15: l'attività commerciale è in continuo adeguamento e l'inizio non è che un piccolo punto di riferimento.

RIEPILOGO DEL GIORNO 3:

- SEGRETO n. 11: anche per i locali commerciali sono previsti dei requisiti, di tipo urbanistico-edilizio e igienico-sanitario.

- SEGRETO n. 12: per quanto riguarda gli esercizi di vicinato si è passati da un sistema che prevedeva un inizio prorogato a uno che consente di iniziare immediatamente presentando una segnalazione certificata di inizio attività.

- SEGRETO n. 13: bisogna prestare attenzione alle formalità. La forma, in questo caso, racchiude la sostanza.

- SEGRETO n. 14: per gli esercizi di vicinato vale la regola dell'autocertificazione e del successivo controllo a campione; per gli altri esercizi commerciali vale invece la regola del controllo e della successiva autorizzazione.

- SEGRETO n. 15: l'attività commerciale è in continuo adeguamento e l'inizio non è che un piccolo punto di riferimento.

GIORNO 4:

Come si commercia su area pubblica

I mercati e le fiere

Il commercio su area pubblica viene automaticamente identificato come commercio al mercato, ma il campo delle aree pubbliche è molto più vasto: comprende aree di proprietà o nella disponibilità di enti pubblici (Stato, Regioni, Province, Comuni), o di proprietà privata soggetta a uso pubblico.

Si tratta generalmente di piazze, aree di sosta/parcheggio, viali e strade del Comune, per occupare le quali basta l'autorizzazione comunale. Ma può trattarsi anche di aree presso i porti, gli aeroporti, le stazioni ferroviarie, di strade provinciali e statali, di autostrade, per le quali, oltre all'autorizzazione comunale, occorre anche il nulla-osta o il permesso dell'ente proprietario/gestore: per i porti e le aree demaniali marittime (lido del mare, spiaggia, porti e rade) l'autorizzazione dell'autorità marittima ovvero del Comandante del Porto; per gli aeroporti il via libera delle società che li gestiscono per conto del Comune, della Provincia o della Regione; per le stazioni l'autorizzazione delle Ferrovie dello Stato; per le strade provinciali e regionali quella della Provincia e della Regione; per le strade e autostrade statali quella dell'ANAS, ai sensi del Nuovo Codice della Strada.

SEGRETO n. 16: elemento fondamentale per il commercio su area privata è la superficie dei locali di vendita, mentre per il commercio su aree pubbliche è l'occupazione del suolo.

Le aree pubbliche possono essere occupate in vari modi e a vario titolo. Sono previsti principalmente due tipi di autorizzazione: autorizzazioni di tipo A, a posto fisso, e autorizzazioni di tipo B, senza posto fisso o itineranti, con diversi diritti e obblighi. Vediamole meglio.

Le autorizzazioni di tipo A

Consentono il commercio al dettaglio su uno spazio delimitato e contrassegnato dal Comune, in concessione per 10 anni. L'autorizzazione comprende anche la concessione di suolo pubblico, con relativo **obbligo di pagamento dell'imposta o del canone di occupazione** (TOSAP, tassa di occupazione di suolo pubblico, o COSAP, canone di occupazione di suolo pubblico), comunemente detti "plateatico", da "plateaticum", il tributo feudale che si versava al Comune per l'occupazione di una parte della piazza: la "platea".

Questo spazio, il c.d. posteggio o posto fisso, riguarda generalmente il mercato, ovvero l'area pubblica destinata esclusivamente o temporaneamente al commercio. Il mercato raggruppa più posteggi; oltre il mercato si trovano i posteggi isolati.

Il posto in un mercato può essere concesso per tutti i giorni della settimana, solo per uno o per alcuni, a seconda che si tratti di un mercato che si svolge quotidianamente, a cadenza settimanale o quindicinale (se il mercato ha cadenza mensile, bimestrale, semestrale o annuale non c'è questo tipo di autorizzazione decennale, ma un'autorizzazione relativa al singolo giorno di svolgimento del mercato).

Come si può ottenere un posteggio? In tre modi: con un contratto di acquisto o di affitto d'azienda, che comprende anche l'autorizzazione o concessione del posteggio, o per assegnazione da parte del Comune, che avviene a seguito di un **bando di concorso** pubblico.

Nei primi due casi, dopo la stipula del contratto di acquisto o di affitto d'azienda, occorre presentare al Comune in cui si trova il posteggio una comunicazione di voltura; il Comune poi rilascia una nuova autorizzazione intestata all'acquirente o al gerente.

Nel terzo caso, invece, una volta pubblicato il bando con l'elenco dei posti disponibili sia in un mercato già esistente, sia in uno nuovo, occorre presentare una domanda di partecipazione e attendere la pubblicazione della graduatoria, con la successiva assegnazione dei posteggi. Con l'assegnazione viene rilasciata anche l'autorizzazione.

Le leggi regionali fissano le regole generali per i bandi di concorso: il contenuto del bando, il termine minimo per presentare le domande, le condizioni di partecipazione (uno stesso soggetto, ad esempio, può presentare domanda per un solo posteggio o non deve possedere altri posteggi nel mercato), la procedura, i criteri per la formazione della graduatoria (per esempio, ottiene più punti chi ha maturato più presenze nel mercato – ovviamente in caso di mercato già esistente – o chi esercita l'attività da più tempo).

SEGRETO n. 17: per l'assegnazione di un posto nelle aree pubbliche è richiesto un ulteriore requisito professionale: l'anzianità di lavoro.

L'autorizzazione consente di vendere nel proprio posteggio, in forma itinerante nella Regione in cui si trova il posteggio, nelle fiere di tutto il territorio nazionale e in aree di sosta previste dai Comuni o altre aree non espressamente vietate, per il tempo e alle condizioni stabiliti dai Comuni.

Occorre poi tenere conto dei Regolamenti comunali che possono strutturare i mercati in **settori merceologici**, con conseguente vincolo per i posteggi di quei settori, nel senso che nei posteggi di un certo settore (es. pesce), non si possono vendere i prodotti di un altro settore (es. fiori), a meno che non ci sia temporaneamente alcun venditore per il genere di merce prevista. In quest'ultimo caso il posto libero può essere occupato anche da un venditore di altri generi.

Altre limitazioni possono derivare da problemi edilizi o igienico-sanitari, che comportano la soppressione definitiva o temporanea dei posteggi, anche se i Comuni sono tenuti a offrire degli altri posti in cambio. Possono essere riservati dei posteggi ai produttori agricoli e ai battitori.

Possono essere posti dei limiti alle concessioni di posteggi, nel senso che uno stesso soggetto non può avere più di un certo numero di posteggi nello stesso mercato. Generalmente è consentito avere più posteggi in mercati diversi dello stesso Comune, anche negli stessi giorni, in quanto l'imprenditore può avvalersi nella sua attività di collaboratori e dipendenti.

È consentito avere propri posteggi e occupare altri posteggi temporaneamente liberi nello stesso mercato, e maturare le relative presenze. Sono consentiti: lo scambio di posteggi, tenuto conto del settore merceologico; l'ampliamento della superficie del posteggio, per es. in caso di sostituzione dell'attrezzatura tradizionale di banchi e ombrelloni con un veicolo attrezzato, se l'area mercatale lo permette; il cambio del proprio posteggio con uno migliore, più adeguato alle proprie esigenze, che si sia reso libero (**concessione in miglioria**).

È consentito aggiungere un settore, alimentare o non alimentare, nell'autorizzazione di tipo A? È possibile presentare una richiesta di aggiunta al Comune, che può però non accoglierla se la concessione del posteggio è avvenuta per la vendita di generi di un determinato settore.

Al termine dei 10 anni, la concessione si rinnova automaticamente per un altro decennio, salvo disposizioni contrarie del Comune. In caso di vendita dell'azienda, il periodo della concessione prosegue con il nuovo titolare. La concessione di posteggio per più giorni può essere frazionata, dando luogo a più concessioni per uno o più giorni distinti, ai fini della vendita dell'azienda.

Le autorizzazioni di tipo B
Consentono il commercio al dettaglio su tutto il territorio

nazionale, sui posteggi temporaneamente liberi per assenza del concessionario, nelle fiere di tutto il territorio nazionale, in aree di sosta previste dai Comuni o altre aree non espressamente vietate, per il tempo e alle condizioni previste dai regolamenti comunali, nonché presso il domicilio del consumatore. È più conveniente però per il commerciante concentrarsi su poche aree o mercati, in modo da maturare le presenze.

Le presenze vengono rilevate dagli agenti della Polizia Municipale non appena inizia il mercato, quindi di prima mattina (è la c.d. "spunta"), e poi registrate o inserite in un sistema informatico. Queste registrazioni consentono di formare una graduatoria per ogni mercato e quindi di stabilire ogni giorno chi abbia diritto di occupare un posteggio libero in base al numero di presenze accumulate.

Le graduatorie possono essere aggiornate e pubblicate, per consentire eventuali contestazioni o reclami per errori di registrazione o di accorpamento in sede di volturazione. Il numero delle presenze è inoltre determinante per determinare il prezzo di vendita dell'azienda con l'autorizzazione di tipo itinerante.

Per ottenere un'autorizzazione di tipo itinerante basta presentare una domanda al Comune in cui si intende avviare l'attività oppure acquistare/affittare un'azienda con relativa autorizzazione itinerante.

In questo secondo caso basta presentare una comunicazione di voltura al Comune in cui si intende proseguire l'attività, il quale rilascia una nuova autorizzazione intestata all'acquirente o al gerente e provvede al trapasso delle presenze maturate. Lo stesso soggetto (impresa individuale o società) non può presentare più di una domanda.

L'autorizzazione itinerante consente di vendere anche presso il domicilio del consumatore e nelle aree pubbliche non espressamente vietate dai Comuni. Sta ai Comuni individuare le aree vietate con apposita delibera, per salvaguardare le zone di interesse artistico-storico-archeologico, per motivi di igiene, di pubblico interesse, come per esempio la vicinanza a ospedali o case di cura, e ancora per motivi di sicurezza, per esempio in caso di aree danneggiate o con edifici/strutture pericolanti.

L'autorizzazione itinerante non comporta un'occupazione di suolo pubblico ricorrente, per cui non è possibile calcolare a priori l'ammontare dell'imposta o del canone dovuto per l'occupazione. Come procedere allora per il pagamento del suolo? I Comuni possono adottare sistemi diversi, ma generalmente si consente alle imprese di acquistare dei buoni a matrice e figlia, in vendita presso il Comune o presso delle rivendite di giornali/tabacchi.

Il prezzo varia in base al periodo di tempo che si intende impiegare al mercato (1 ora, 2 ore ecc.). I buoni vengono controllati e raccolti dai Vigili in occasione della spunta e i venditori possono conservare le matrici come prova del pagamento e della presenza sul mercato.

A parte alcune diversità, le due autorizzazioni di tipo A e B hanno diversi aspetti comuni:

- Consentono solo la **vendita al dettaglio**. Sulle aree pubbliche non è consentita infatti la vendita all'ingrosso; il motivo va ricercato nelle caratteristiche del commercio all'ingrosso, che riguarda grandi quantità di merce destinate a essere acquistate da operatori professionali.

- Consentono la vendita di merci, non di servizi. È autorizzata anche la **somministrazione di alimenti e bevande**, a patto che chi la esercita sia in possesso dei requisiti professionali per farlo.

- Possono essere rilasciate a imprese individuali, a società di persone e ora, a seguito della Direttiva Bolkestein, anche a società di capitali e cooperative. Possono essere rilasciate a commercianti, artigiani e industriali (il decreto Bersani esonera dall'autorizzazione solo gli artigiani che vendono nei locali di produzione; fuori da tali locali occorre l'autorizzazione; l'esonero degli artigiani vale anche per gli industriali). Per i produttori agricoli è prevista un'autorizzazione specifica, come vedremo più avanti. Per altri venditori di propri prodotti, come cacciatori, pescatori e artisti, non occorre l'autorizzazione: questi possono vendere liberamente i loro beni, pagando solo il plateatico.

- In caso di morte del titolare, l'attività può essere proseguita dal successore, che deve comunicare la voltura dell'autorizzazione entro 1 anno ed essere in possesso dei requisiti morali. I requisiti professionali per la vendita e somministrazione di alimenti invece, se non posseduti al momento della morte del predecessore, possono essere acquisiti successivamente, ma comunque entro il termine di 1 anno dal decesso.

• Sono soggette a revoca se il titolare non è più in possesso dei requisiti morali oppure se l'attività non è iniziata entro 6 mesi dal loro rilascio, a meno che non sussistano giustificati motivi. Le autorizzazioni di tipo A vengono revocate se il posteggio non viene occupato per più di 4 mesi l'anno (a parte le assenze per malattia, gravidanza, servizio militare o elettorale, assistenza a familiari o parenti, ferie fino a 30 giorni all'anno) e se non viene pagato il plateatico. Le autorizzazioni di tipo B sono revocate se l'attività è sospesa per più di 1 anno.

• Consentono la sostituzione del titolare da parte di collaboratori familiari o dipendenti e, in casi eccezionali (imprevisti, malattie, infortuni), anche da altri soggetti debitamente incaricati, per periodi di tempo limitati. La persona che sostituisce il titolare deve sempre essere in possesso dell'originale dell'autorizzazione. I casi eccezionali cui si accennava sopra, come la malattia, vanno sempre comunicati al Comune.

• Le Regioni, a seguito della legge finanziaria 2010, possono stabilire che le autorizzazioni siano soggette alla presentazione del DURC (**documento unico di regolarità contributiva**) per il personale impiegato e a verifica annuale da parte del Comune. In caso di irregolarità, questo può procedere alla sospensione dell'attività per 6 mesi.

• La domanda per il rilascio dell'autorizzazione si intende accolta se entro il termine previsto, non superiore a 90 giorni dalla data di presentazione, il Comune non emette un provvedimento di diniego.

• In caso di vendita di generi alimentari occorre anche la d.i.a. sanitaria.

SEGRETO n. 18: sulle aree pubbliche, dove lo spazio è necessariamente ridotto, non è consentita la vendita all'ingrosso, ma solo al dettaglio.

La maggior parte delle competenze per mercati e altre aree pubbliche spetta al Comune, sulla base dei criteri generali fissati dalla Regione. Sono infatti i Comuni a decidere quali siano le aree da destinare a mercato, quali mercati vadano creati, soppressi o spostati, quando si debbano tenere, quanti posteggi debbano avere in base all'ampiezza dell'area, e quante categorie merceologiche (carne, pesce, fiori, alimentari e non alimentari in genere, beni usati ecc.) debbano ospitare.

Allo stesso modo i Comuni stabiliscono anche quali siano le altre aree pubbliche occupabili e quelle vietate per motivi igienico-sanitari, di viabilità o altri interessi pubblici, le procedure per l'assegnazione dei posteggi, per il rilascio delle autorizzazioni e gli orari.

Provvedono inoltre alla creazione e manutenzione dei mercati, generalmente scoperti. Questo richiede, nello specifico, le opere edilizie, l'allacciamento alla rete idrica, fognaria ed elettrica, i servizi igienici, la pulizia, lo smaltimento dei rifiuti e la sorveglianza generale sul regolare svolgimento delle attività.

Non mancano le incombenze a carico degli esercenti: la pulizia dell'area occupata, al termine della vendita, con la raccolta dei rifiuti, la pulizia dell'area del mercato, l'osservanza delle norme igienico-sanitarie per la vendita di alimentari e la somministrazione di alimenti e bevande. Per i generi alimentari è intervenuto in particolare il Ministero della Salute, con ordinanza del 2002, a stabilire i requisiti igienico-sanitari non solo delle aree pubbliche, ma anche dei banchi, dei negozi mobili e delle costruzioni stabili.

Le aree pubbliche, mercatali e non, dove si vendono alimentari, devono essere appositamente delimitate, avere un proprio allacciamento alla rete idrica, fognaria ed elettrica, una pavimentazione compatta, con adeguata pendenza per il deflusso delle acque di lavaggio e caditoie per trattenere il materiale grossolano, servizi igienici sia per i clienti che per gli esercenti, in numero adeguato e distinti per sesso.

I **banchi temporanei** di vendita devono essere piazzati ad almeno 1 metro da terra ed essere di materiale facilmente lavabile e disinfettabile. Gli alimenti devono essere protetti da contaminazioni esterne, eccetto i prodotti ortofrutticoli freschi e gli alimenti non deperibili, confezionati e non; questi non possono stare a meno di 50 cm. dal suolo. I banchi del pesce devono avere un sistema refrigerante, un serbatoio per l'acqua potabile, un lavello con erogatore di acqua e un adeguato piano di lavoro.
I **negozi mobili** devono essere realizzati con materiali resistenti,

facilmente lavabili e disinfettabili, con vano interno di altezza non inferiore a 2 m. e piano di vendita ad almeno 1,30 m. da terra, impianto idraulico di attingimento e di scarico dell'acqua, impianto elettrico autonomo (in modo da mantenere la temperatura necessaria alla conservazione degli alimenti durante il trasporto), frigorifero, lavello con erogatore di acqua e contenitore per la raccolta dei rifiuti.

Le **costruzioni stabili** devono avere pavimenti antiscivolo e impermeabili e pareti rivestite con materiale impermeabile, in modo da consentire facilmente il lavaggio e la disinfezione, l'allacciamento alla rete idrica, fognaria ed elettrica, frigorifero, lavello con erogatore di acqua e contenitore per la raccolta dei rifiuti.

Per la somministrazione di alimenti l'ordinanza richiede locali di consumo sufficientemente ampi e aerati, locali o armadi di deposito, cucine o laboratori per la preparazione degli alimenti o, nel caso in cui i cibi siano già preparati, attrezzature per la conservazione e l'approntamento, lavastoviglie o, in mancanza di questa, l'uso di stoviglie e posateria a perdere, allacciamento alla rete idrica, fognaria ed elettrica, servizi igienici fissi o mobili, contenitori per la raccolta dei rifiuti e ancora, in caso di cottura/frittura/riscaldamento di cibi, attrezzatura per l'aspirazione di gas, vapori, odori e fumi. Per la somministrazione di sole bevande l'ordinanza richiede i requisiti dei negozi mobili o delle costruzioni stabili.

Per alcuni prodotti sono previsti divieti e condizioni particolari. Non è possibile la vendita di carni fresche sui banchi temporanei: occorre necessariamente un negozio mobile o una costruzione stabile. Le carni congelate e scongelate possono essere vendute solo nelle costruzioni stabili. È vietata la preparazione del pesce. È vietata la vendita di funghi freschi sfusi in forma itinerante. Il pane sfuso può essere venduto solo in negozi mobili e costruzioni stabili. Nei negozi mobili non è consentita la preparazione di cibi: è possibile solo la cottura di alimenti già preparati. Non è ammessa la somministrazione con banchi temporanei. Ci sono poi i divieti generali di vendita di bevande alcoliche se non in recipienti chiusi, di armi ed esplosivi e di oggetti preziosi; ma è consentita la vendita di strumenti da punta e da taglio con licenza della Questura. È vietata la vendita di medicinali. È consentita la vendita di bestiame, nel rispetto delle norme di polizia veterinaria, quindi in luoghi distanti da quelli in cui si vendono prodotti alimentari (anche se oggi si può dire che i mercati del bestiame siano praticamente scomparsi).

Generalmente è vietata la vendita di animali vivi, per evitare loro sofferenze dovute alla costrizione in gabbie o scatole anguste e all'esposizione al caldo o al freddo eccessivi. Ai produttori agricoli è consentita la vendita esclusivamente di galline e conigli: solo questi infatti possono essere acquistati dal consumatore finale e macellati facilmente presso la propria abitazione; per altri animali, come gli agnelli, non è ammessa la macellazione privata, che può avvenire solo presso i macelli autorizzati.

Battitori e produttori agricoli

Nei mercati ci sono sempre dei posteggi riservati ai battitori e ai produttori agricoli. Ma di quali categorie si tratta?

I **battitori** sono commercianti che per vendere cercano di richiamare il più possibile l'attenzione del pubblico sui vantaggi e la convenienza dei loro prodotti, sia a gesti, sia con dimostrazioni, sia con l'uso di microfoni, megafoni e amplificatori. Generalmente i Comuni vietano loro di usare sistemi ripetitivi e rumorosi di vendita.

I **produttori agricoli** sono coloro che esercitano la coltivazione, la silvicoltura, l'allevamento del bestiame e varie attività connesse, in forma sia singola che associata. Nella definizione di produttori agricoli rientrano diverse figure: anzitutto i coltivatori diretti (che coltivano i fondi, sia di proprietà che in affitto, col lavoro prevalentemente proprio o di familiari), e poi mezzadri, i coloni, i fittavoli e gli enfiteuti (che coltivano i fondi in forza di un contratto d'uso). Fra i produttori rientrano le imprese individuali e familiari, le società di persone, in genere società semplici, le società di capitali, le cooperative e i consorzi.

Si considerano attività connesse, per legge, quelle dirette alla manipolazione, conservazione, trasformazione e commercio dei prodotti agricoli e di allevamento: la floricoltura, la coltivazione di piante ornamentali, l'apicoltura e bachicoltura, l'allevamento di pesci e rane (l'imprenditore ittico infatti è stato equiparato all'imprenditore agricolo), la trasformazione di olive in olio, dell'uva in vino, del grano in farina, del latte in formaggio, della legna in carbone.

Importanti sono il legame con la campagna (non rientrano infatti in questa categoria gli stabilimenti posti al di fuori dei fondi rurali) e lo svolgimento di attività agricole, con attrezzature e risorse tipiche delle aziende agricole (non vi rientrano le attività di trasformazione a carattere industriale, come quelle di uno zuccherificio, di uno stabilimento vinicolo o caseario).

Nel commercio rientra la vendita di prodotti sia naturali o trasformati, sia preparati (come per esempio il pollo allo spiedo, le focacce, le torte ecc.), sia industriali (purché in misura non prevalente rispetto ai prodotti naturali/artigianali).

Riguardo agli animali da allevamento, il produttore può vendere tutti gli esemplari vivi, mentre ne può vendere solo alcuni macellati: i volatili da cortile (galline, oche, anatre, tacchini ecc.), anche di piccola selvaggina (starne, fagiani, pernici, germani, ecc.), e i lagomorfi (conigli e lepri). Per questi animali infatti la macellazione è stata ritenuta facente parte integrante dell'allevamento.

Per tutti gli altri animali l'attività di macellazione esula dal normale lavoro del produttore agricolo ed è soggetta a una rigorosa normativa che richiede degli impianti autorizzati, con controlli veterinari prima e dopo l'abbattimento e la bollatura sanitaria delle carni.

Il **D. Lgs. 228/2001 (legge di modernizzazione del settore agricolo)** consente al produttore agricolo di vendere direttamente al consumatore finale i prodotti provenienti in misura prevalente dalla propria azienda, ma per la vendita (sia al mercato o su altre aree pubbliche sia su aree private) richiede l'iscrizione al Registro delle imprese (l'iscrizione ha efficacia costitutiva dell'impresa). In difetto di iscrizione, il produttore può vendere solo presso la propria azienda, sia all'aperto che in appositi locali, senza bisogno di alcuna dichiarazione.

Per la vendita su aree pubbliche in forma itinerante non occorre una domanda per il rilascio di un'autorizzazione, ma basta una comunicazione al Comune in cui si trova l'azienda con i fondi di produzione. Per la vendita su posteggio ovviamente il produttore deve partecipare al bando di concorso e ottenere l'assegnazione, oppure acquistare o prendere in gerenza il posto da altri produttori e presentare una comunicazione al Comune in cui si trova il posteggio. Per la vendita su area privata basta una comunicazione al Comune in cui si trova il locale.

Nella comunicazione il produttore deve indicare le sue generalità, l'iscrizione al Registro delle imprese, la sede dell'azienda, i prodotti che intende vendere (provenienti prevalentemente dalla propria azienda e in via residuale anche da altre aziende), e dichiarare di possedere i requisiti morali richiesti dal D. Lgs. 228/2001 (cioè di non aver riportato condanna con sentenza passata in giudicato per delitti in materia di igiene e sanità e di frode nella preparazione degli alimenti; in caso di condanna, non si può esercitare la vendita se non dopo 5 anni dal passaggio in giudicato della sentenza) e di rispettare le norme igienico-sanitarie per la vendita di alimentari.

Il decreto non parla dei requisiti dei locali di vendita, ma è chiaro che questi devono rispettare la normativa urbanistico-edilizia e igienico-sanitaria, al pari degli altri locali commerciali. Nella sua comunicazione il produttore può autocertificarlo o ricorrere all'attestazione e asseverazione di un professionista abilitato.

La legge è anche intervenuta a stabilire un limite per la vendita di prodotti non provenienti dall'azienda del produttore: non si può superare il ricavo di 160.000 euro, in caso di impresa individuale, e 4 milioni di euro, in caso di società. Diversamente non si può più parlare di produttore agricolo, ma di commerciante, soggetto dunque al decreto Bersani e non più al D. Lgs. 228/2001.

I mercati coperti

I mercati coperti non si configurano come centri commerciali, ma come aree pubbliche attrezzate, costituite da più strutture fissate permanentemente al suolo.

I locali di vendita non possono considerarsi come negozi, ma come posteggi, per quanto la vecchia normativa abbia creato abbastanza confusione in merito. Il decreto Bersani, per chiarezza, ha sancito che per commercio su aree pubbliche si deve intendere la vendita di merci al dettaglio su aree attrezzate o meno, coperte o scoperte.

Nella definizione quindi rientrano anche tutte le attività svolte in strutture fissate permanentemente al suolo: locali/box dei mercati coperti, chioschi, baracche e altre strutture precarie. Sono ovviamente regolate da leggi speciali le attività di rivendita di quotidiani e periodici, di vendita di carburanti e di somministrazione di alimenti e bevande.

SEGRETO n. 19: la differenza tra commercio su area pubblica e commercio su area privata non sta nella stabilità della struttura, ma nella proprietà dell'area.

I chioschi

I chioschi richiedono un discorso a parte. Nelle città e paesi di una certa dimensione, il Comune può predisporre un piano di localizzazione dei chioschi, evidenziando le aree in cui si possono installare (zone in cui vi sono pochi esercizi commerciali, aree verdi, parchi giochi per bambini, piazze e simili) e i generi che possono essere venduti. La vendita ovviamente comporta anche la somministrazione di caffetteria, gelateria, cremeria, gastronomia.

Nello stesso piano il Comune può fissare limiti dimensionali e criteri progettuali per motivi di decoro urbano (tipo di copertura, sporgenze, motivi ornamentali, materiale da costruzione, serramenti, accesso per handicappati ecc.).

Il piano, soggetto naturalmente ad aggiornamento dopo un certo periodo di tempo, costituisce la base per l'indizione di un bando di concorso. Questo concorso permette di assegnare un'area in concessione per 10 anni al concorrente che abbia presentato il miglior progetto, in termini sia di struttura che di attività.

La concessione dell'area comporta la presentazione in Comune delle domande per il rilascio del permesso di costruire in precario e per il rilascio dell'autorizzazione commerciale per la vendita/somministrazione su area pubblica, con relativo pagamento dell'imposta/canone per l'occupazione di suolo pubblico.

La struttura del chiosco deve avere caratteristiche tali da consentire la sua facile rimozione e il ripristino dell'area nello stato preesistente. La concessione non ha infatti natura permanente: può essere sempre revocata per esigenze di pubblico interesse (modifica della viabilità, problemi di sicurezza, costruzione di edifici pubblici ecc.), oltre che per cause dipendenti dal concessionario (mancato pagamento del canone, incuria nella manutenzione, inattività ecc.).

Nei Comuni più piccoli, dove non esiste un piano di localizzazione, è in genere possibile presentare all'ufficio tecnico una domanda per l'installazione di un chiosco e la successiva richiesta di autorizzazione commerciale.

Oltre alla via della concessione da parte del Comune, esiste anche la possibilità di acquisto o gestione dell'azienda del concessionario, con relativo subentro nella concessione e voltura dell'autorizzazione commerciale. Chi subentra, deve attenersi alle condizioni del contratto di concessione in essere; non è possibile pertanto variare o ampliare il tipo di attività per cui la concessione è stata rilasciata.

SEGRETO n. 20: il commercio su area pubblica incontra limiti di settore e di struttura.

Per le aree pubbliche sono previste due categorie particolari di concessioni.

Le **concessioni stagionali** (per un periodo da 1 a 6 mesi) in realtà sono una sottospecie delle autorizzazioni di tipo A, hanno validità per 10 anni, ma consentono di occupare un posteggio solo per un certo periodo dell'anno, che può essere l'Estate per la vendita di cocomeri, meloni e pomodori o l'inverno per la vendita di arance e limoni.

Le **concessioni temporanee** invece hanno la particolarità di essere rilasciate in occasione di manifestazioni di carattere commerciale (mercati tematici, fiere, sagre) o anche non commerciale (feste di paese o di borgata, concerti, gare sportive ecc.), per un tempo equivalente alla durata della manifestazione.

Possono essere rilasciate sia a soggetti che esercitano in via professionale, e quindi sono già in possesso di un'autorizzazione di tipo A o B, sia a soggetti che esercitano in via occasionale. In genere il Comune stabilisce che i posteggi debbano essere assegnati per metà a operatori professionali e per la restante metà a operatori occasionali. L'importante è che il Comune deliberi la manifestazione e individui le aree con i posteggi; la concessione del posteggio dipende dalla deliberazione della manifestazione, avviene a seguito di una graduatoria e comporta il pagamento del plateatico.

Che differenza c'è tra fiere e mercati?

I mercati sono aree organizzate per la vendita di merci quotidiana o a cadenza settimanale, quindicinale o mensile e hanno carattere/interesse locale. Le fiere sono aree organizzate per la presentazione, la promozione e la vendita di beni e servizi; hanno cadenza annuale o pluriennale e carattere/interesse che supera l'ambito locale.

Le fiere possono essere generali (aperte a più settori) o specializzate (limitate a uno o pochi settori), aperte sia a operatori professionali sia al pubblico (si tratta delle **fiere popolari**) oppure riservate agli operatori professionali (**fiere campionarie**).

Queste ultime generalmente non sono aperte al pubblico (il pubblico può accedere solo in qualità di visitatore) e la contrattazione avviene solo su campione. Tra le più importanti, si ricordano la famosa Fiera del Levante, con sede a Bari, e la Fiera di Milano.

Le fiere-mercato o mostre-mercato o **sagre** sono invece manifestazioni locali che si svolgono in occasione di festività o particolari ricorrenze/consuetudini della zona (la raccolta della frutta, delle olive, la vendemmia ecc.).

Le fiere, a seconda dell'importanza e degli interessi coinvolti, possono essere comunali, regionali, nazionali e internazionali. Quelle nazionali e internazionali sono di competenza dello Stato, che provvede alla pubblicazione del calendario annuale delle manifestazioni. Regione e Comune hanno la competenza rispettivamente delle fiere regionali e comunali e devono provvedere alla pubblicazione del relativo calendario.

Per i mercati occorre un'autorizzazione permanente di tipo A o B; per le fiere popolari e le fiere-mercato occorre un'autorizzazione temporanea; per le fiere campionarie invece non occorre alcuna autorizzazione, in quanto, come dicevamo, in questo caso non si verifica una vendita di prodotti al pubblico, cioè al consumatore finale, ma solo una contrattazione su campione.

I mercati all'ingrosso

Il D.P.R. 616/77 ha attribuito alle Regioni l'istituzione dei mercati all'ingrosso e alla produzione dei prodotti ortofrutticoli, delle carni e dei prodotti ittici, e al Comune la realizzazione e la gestione di questi mercati, tranne quelli alla produzione. Le Regioni hanno poi lasciato ai Comuni l'iniziativa dell'istituzione, costruzione, gestione e manutenzione di questi mercati.

L'intervento pubblico si è sempre reso necessario alla luce della grande importanza di questi alimenti nella vita quotidiana, ma le Regioni hanno finito per comprendere anche altri generi come per es. i fiori, le piante, le sementi, il bestiame, i vini. Sono rimasti alla Regione anche i mercati alla produzione (o all'origine), quelli cioè in cui i produttori vendono direttamente ad altre imprese, specie industrie di conservazione e trasformazione o grossisti e utilizzatori in grande, senza servirsi di intermediari come rappresentanti/agenti di commercio.

I Comuni hanno provveduto alla realizzazione e gestione, sia diretta che in concessione, di ampie strutture con locali, posteggi e una serie di servizi come la pesatura, la refrigerazione, il facchinaggio, il trasporto ecc. L'assegnazione dei posteggi è stata regolamentata con la fissazione di requisiti e la formazione di graduatorie.

Oltre ai mercati comunali per i generi di prima necessità, vi sono anche i mercati all'ingrosso privati, in genere sotto forma di centri commerciali, come i centri agro-alimentari (C.A.A.), o grandi magazzini, anche self-service (c.d. cash and carry).

In generale i mercati all'ingrosso hanno perso molta della loro importanza e si sono gradualmente ridotti di numero, sia per lo sviluppo della grande distribuzione, che attinge direttamente dai produttori/fornitori, sia per il cambiamento del mercato del bestiame (molti capi di bestiame provengono dall'estero oppure direttamente dai luoghi di allevamento italiani, senza passare per i mercati all'ingrosso; arrivano quindi subito ai macelli per la lavorazione e la distribuzione della carne), sia ancora per la diminuzione della presenza di produttori agricoli, che preferiscono evidentemente altre vie per lo smercio dei loro prodotti.

RIEPILOGO DEL GIORNO 4:

- SEGRETO n. 16: elemento fondamentale per il commercio su area privata è la superficie dei locali di vendita, mentre per il commercio su aree pubbliche è l'occupazione del suolo.

- SEGRETO n. 17: per l'assegnazione di un posto nelle aree pubbliche è richiesto un ulteriore requisito professionale: l'anzianità di lavoro.

- SEGRETO n. 18: sulle aree pubbliche, dove lo spazio è necessariamente ridotto, non è consentita la vendita all'ingrosso, ma solo al dettaglio.

- SEGRETO n. 19: la differenza tra commercio su area pubblica e commercio su area privata non sta nella stabilità della struttura, ma nella proprietà dell'area.

- SEGRETO n. 20: il commercio su area pubblica incontra limiti di settore e di struttura.

GIORNO 5:
Come sono regolate le vendite

Gli orari di vendita

La regola generale prevista dal decreto Bersani è che l'esercente possa decidere liberamente il proprio orario, purché rispetti la fascia dalle ore 7 alle 22, il limite delle 13 ore giornaliere, la mezza giornata di chiusura settimanale (in un giorno a scelta), le chiusure domenicali e festive. L'orario non deve essere comunicato al Comune, ma solo alla clientela; così anche le variazioni di orario.

Obblighi particolari riguardano gli esercizi di vendita di generi alimentari di prima necessità (pane, latte, carne, pesce, frutta e verdura). Questi, in base alle disposizioni comunali, devono osservare un periodo di apertura obbligatoria a turno durante il periodo estivo, in modo da assicurare un minimo di rifornimenti ai consumatori, e devono garantire l'apertura in caso di più di due festività consecutive.

I Comuni hanno un certo margine di intervento in tema di orari e possono derogare alla regola generale anzitutto definendo le c.d. "zone turistiche", che normalmente coincidono con le zone centrali storiche delle medie e grandi città.

Nelle zone turistiche, per buona parte dell'anno, non ci sono limiti di orario giornaliero, né problemi di aperture domenicali e festive, a parte alcune festività generalmente riconosciute come Natale, Santo Stefano, Pasqua, 25 aprile, 1° maggio e 1° novembre.

Spetta invece alle Regioni individuare i Comuni a economia prevalentemente turistica, le città d'arte e i periodi di maggiore afflusso turistico in cui è possibile derogare alla regola generale.

Sta ai Comuni inoltre stabilire 8 domeniche nell'arco dell'anno in cui si può tenere aperto, escluse quelle del mese di dicembre, che in periodo natalizio non possono che essere di apertura. Oltre a queste 8 domeniche, i Comuni possono stabilirne anche altre in coincidenza con manifestazioni di carattere cittadino: sagre, fiere, mostre, festival e attrazioni varie.

Anche l'obbligo della mezza giornata di chiusura settimanale può essere sospeso per un certo periodo, ad es. nel periodo estivo o in quello dei saldi. I Comuni infine possono autorizzare l'attività di vendita in orario notturno per un numero limitato di esercizi di vicinato, in base alle esigenze dei consumatori e alle caratteristiche della zona, e stabilire deroghe di orario per zone interessate da progetti di riqualificazione urbana.

Per i mercati in genere è previsto un orario normale che va dal lunedì al venerdì dalle 7 alle 13-14 e il sabato dalle 7 alle 18-19. Nel periodo natalizio è fissato un orario straordinario. Di domenica possono essere consentiti mercati dell'usato o dell'antiquariato. Alcune attività hanno particolari disposizioni per quanto riguarda gli orari di vendita.

Artigiani

Possono esercitare liberamente la vendita dei propri prodotti senza limiti di orario, a meno che non intervengano apposite ordinanze comunali a limitare l'orario in alcune zone per motivi di ordine pubblico (si pensi per esempio ai negozi di gastronomia, pizza al taglio, kebab e simili, che possono creare disagi come rumore, traffico, assembramenti, risse e rifiuti). Non possono vendere altrettanto liberamente i prodotti altrui, per i quali devono osservare i limiti previsti: questi prodotti quindi non possono essere venduti prima delle ore 7 e dopo le ore 22, nelle domeniche e festività.

Panifici

Per queste attività esiste una legge particolare (L. 265/99) che richiama il decreto Bersani, per cui occorre osservare la chiusura domenicale e festiva e la mezza giornata di chiusura settimanale. È tuttavia possibile tenere aperto e vendere generi come focacce, pizza, brioches e pasticceria, al pari di altri artigiani, purché non si venda il pane.

Autoconcessionari

Devono rispettare la regola generale; possono tuttavia tenere aperto per la mera esposizione dei veicoli, senza vendita.

Tabaccai

Sono soggetti alle disposizioni di orario fissate dall'Azienda Autonoma dei Monopoli di Stato, che prevedono un minimo di 8 ore giornaliere, con apertura obbligatoria dalle 9 alle 12 e dalle 16 alle 19, e facoltativa per il resto. In questi orari possono vendere i generi di monopolio e i generi annessi previsti per legge; per altri generi devono attenersi al decreto Bersani.

Farmacie

Sono soggette alle disposizioni di orario delle Regioni, che prevedono un minimo di 7 ore e mezzo giornaliere, con apertura obbligatoria dalle 9 alle 12 e dalle 15:30 alle 18:30. Sono poi previsti turni per le ferie, servizi di guardia diurna, serale e notturna. In questi orari possono vendere i farmaci e i generi annessi; per il resto devono osservare il decreto Bersani.

Edicole

Osservano le disposizioni dell'accordo nazionale di categoria, che prevede un'apertura non inferiore alle 12 ore giornaliere dal lunedì al sabato e fino alle ore 13 la domenica.

Distributori di carburante

Osservano le disposizioni di orario regionali, che in genere prevedono un orario settimanale minimo di 52 ore, con il rispetto delle fasce obbligatorie (dalle 8 alle 12 e dalle 15 alle 18) e dei turni per le aperture domenicali, per il periodo estivo e per il servizio notturno. Fanno eccezione gli impianti di metano e GPL e gli impianti self-service a erogazione pre-pagata.

Hanno orario libero gli esercizi di vendita interni ai campeggi, ai villaggi e complessi turistici e alberghieri, quelli delle sale cinematografiche, delle stazioni ferroviarie, dei porti, degli aeroporti e delle stazioni di servizio sulle autostrade.

SEGRETO n. 21: artigiani, industriali e professionisti non hanno limiti né disposizioni per quanto riguarda l'orario di vendita, i commercianti sì. Non siamo ancora giunti alla liberalizzazione degli orari.

Free e temporary shops
Sono detti **free shops** i negozi aperti 24 ore su 24. Nessun problema se si trovano in zona turistica o se trattano esclusivamente o prevalentemente alcuni generi come bevande, fiori, piante, mobili, libri, cd e video, opere d'arte, antiquariato, stampe, cartoline e ricordi (la prevalenza deve essere riferita al

fatturato e alla superficie di vendita): per questi generi il decreto Bersani esclude l'applicazione della regola generale, che invece si applica per altri generi.

E qui si affaccia l'annosa questione dei **negozi con distributori automatici**. In base al decreto Bersani, questi negozi dovrebbero osservare gli orari standard fissati per tutti gli esercizi commerciali. Senonché il Ministero dello Sviluppo Economico ha precisato che, se nel negozio sono presenti distributori di sole bevande analcoliche, si può applicare la disposizione sugli esercizi specializzati nella vendita di bevande e quindi consentire l'apertura libera (la vendita di alcolici tramite distributori invece è vietata).

Le Regioni, a seconda delle esigenze di zona, hanno dato interpretazioni diverse alla normativa: si va dall'apertura vincolata agli orari standard, all'apertura libera in caso di vendita esclusiva o prevalente di bevande.

Al di là delle interpretazioni, i Comuni, su richiesta degli esercenti interessati, possono comunque autorizzare per determinate zone (oltre a quella turistica) l'apertura in orario notturno, volendo anche per tutta la città. I free shops in definitiva dipendono dalla creatività comunale.

I **temporary shops**, di importazione americana, sono negozi destinati a operare per un periodo determinato. La normativa ha sempre ammesso attività saltuarie e stagionali, perché in qualche modo riconducibili ad attività professionali, svolte da imprenditori che hanno capacità, competenze e organizzazione nel settore.

Diverso il caso delle attività di carattere occasionale, organizzate in modo sommario, per liquidare delle partite di merce in un breve lasso di tempo. Queste attività in linea generale non sarebbero ammesse, a meno che non si svolgano con carattere di professionalità e nel rispetto dei diritti dei consumatori.

La normativa attuale non prevede certo autorizzazioni di tipo temporaneo per gli esercizi commerciali, ma di fatto i commercianti possono ben presentare comunicazioni di inizio attività, seguite a distanza di pochi mesi da altrettante comunicazioni di cessazione o di sospensione e successiva ripresa, a seconda delle necessità di liquidare la merce.

Per questo tipo di esigenza sono anche sorte delle agenzie che noleggiano per brevi periodi di tempo negozi completamente arredati e attrezzati, specie nelle vie del centro delle città. Ciò consente alle nuove imprese di avviare subito l'attività, con un notevole risparmio sulle spese di gestione del locale, e di avere una certa visibilità e conoscibilità.

Saldi, promozioni, sottocosti e liquidazioni
È sempre più sentita le necessità di effettuare sconti, ribassi e promozioni di vario genere per attrarre la clientela ed evitare di accumulare scorte di merce che col tempo vanno a deprezzarsi e/o rovinarsi. La normativa prevede quattro tipi di vendite c.d. "straordinarie".

Le vendite di fine stagione o "saldi"
• Riguardano articoli stagionali o di moda, suscettibili di notevole deprezzamento se non venduti entro un certo tempo. Si tratta per la maggior parte di articoli di abbigliamento,

calzature, articoli sportivi, oggetti natalizi, ma nulla vieta che possa trattarsi di altri prodotti "di tendenza", come cellulari, cosmetici, diari ecc.

• Possono essere fatte generalmente in due periodi dell'anno compresi fra il 1° gennaio e il 31 marzo e fra il 1° luglio e il 30 settembre; le date specifiche naturalmente cambiano ogni anno in base alle ordinanze comunali.

• Per legge devono essere comunicate al Comune alcuni giorni prima di essere effettuate, ma molti Comuni hanno adottato un sistema molto più efficace: l'esposizione in negozio di un'informativa per i consumatori. Ciò consente da un lato al Comune di evitare le migliaia di documenti da ricevere, registrare e conservare, dall'altro risponde all'esigenza di informare i consumatori sui propri diritti in occasione dei saldi e di conseguenza garantire comportamenti corretti da parte dei venditori.

• Devono essere comunicate in modo chiaro alla clientela. La chiarezza riguarda sia i prodotti (che devono essere separati dagli altri prodotti soggetti a vendita normale), sia i prezzi (che devono riportare l'importo originale, la percentuale di sconto e l'importo finale di saldo), sia le modalità di vendita, che devono essere uguali nei confronti di tutti i clienti. In particolare, ogni acquisto deve essere accompagnato dall'emissione dello scontrino fiscale e deve essere consentita la sostituzione dei capi difettosi (non hanno alcun valore legale gli avvisi del tipo «La merce in saldo non si cambia»).

Le vendite promozionali

• Riguardano nuovi prodotti o consueti prodotti di nuovi locali o nuove imprese. Possono riguardare anche articoli stagionali o di moda, ma non è certo infrequente l'uso di vendite promozionali per i cosiddetti "prodotti civetta", destinati a richiamare la clientela per indurla all'acquisto di altri prodotti a prezzo di mercato.

• Possono riguardare tutti o parte dei prodotti in vendita, anche se dovrebbero riferirsi solo a specifici prodotti da far conoscere al consumatore.

• Possono essere fatte per periodi di tempo limitato, ma la legge non specifica quanto debbano essere lunghi. A questo possono sopperire le Regioni o i Comuni fissando, per esempio, un limite massimo di 30 giorni.

• Possono essere fatte in qualunque momento dell'anno, ma un uso frequente può dare luogo a problemi con la concorrenza.

- Non devono essere comunicate al Comune (a seguito della liberalizzazione della L. 248/2006), ma solo alla clientela, con la stessa chiarezza già vista per i saldi.

- Nei 30 giorni che precedono l'inizio dei saldi non sono consentite, in base alle leggi regionali, vendite promozionali riguardanti articoli stagionali o di moda. Diversamente si creerebbe una confusione tra saldi e promozioni.

Le vendite sottocosto

- Possono riguardare al massimo 50 prodotti.

- Devono essere comunicate al Comune almeno 10 giorni prima di essere effettuate.

- Possono essere fatte solo tre volte nel corso dell'anno e ogni volta non possono durare più di 10 giorni.

- Tra una vendita e l'altra devono decorrere almeno 20 giorni.

- Le condizioni sopra viste non valgono in caso di svendita di prodotti alimentari freschi e deperibili o prossimi alla scadenza (meno di 3 giorni alla scadenza, meno di 15 giorni al termine minimo di conservazione), di prodotti delle feste tradizionali al termine delle feste stesse, di prodotti sorpassati per innovazioni tecnologiche o normative, di prodotti difettosi o deteriorati per fatti naturali (luce del sole, polvere) o accidentali (prove, fiere, mostre). Lo stesso vale in caso di svendita in occasione dell'apertura di un nuovo negozio o di ristrutturazione.

- La vendita deve effettuata a un prezzo inferiore a quello di acquisto, risultante dalle fatture e comprensivo di IVA. Ciò non significa che l'esercente debba allegare alla comunicazione la documentazione fiscale, l'importante è che tutto risulti regolare in caso di controllo della Polizia Municipale.

- Occorre una chiara e inequivocabile comunicazione alla clientela, sia all'esterno che all'interno del locale, sui prezzi (che devono riportare l'importo originale, la percentuale di sconto e l'importo finale), sui prodotti, la quantità disponibile e il periodo di validità. In caso di esaurimento della merce prima del termine, occorre rendere immediatamente pubblica la fine anticipata dell'offerta con gli stessi mezzi di comunicazione.

- È vietata la vendita sottocosto da parte di esercizi commerciali in posizione dominante ovvero con una superficie di vendita superiore al 50% della superficie complessiva della provincia per un dato settore merceologico.

Le vendite di liquidazione

• Possono essere fatte per cessazione attività, cessione d'azienda, trasferimento di sede o rinnovo locali.

• Possono riguardare tutte le merci o solo una parte; non devono riguardare tutte le merci in senso assoluto, ma solo quelle che si intende svendere.

• Devono essere comunicate al Comune 30 giorni prima di essere effettuate e possono durare al massimo 3 mesi (non sono possibili proroghe).

• La comunicazione deve indicare il motivo della liquidazione, le merci devono essere distinte per voci (tipo di prodotto), indicando le quantità disponibili, i prezzi iniziali, la percentuale di sconto e i prezzi finali. In caso di cessazione/trasferimento di attività occorre allegare anche la comunicazione di cessazione/trasferimento. In caso di cessione d'azienda occorre allegare l'atto notarile di vendita d'azienda (con la clausola di permanenza del venditore nell'esercizio per poter procedere alla liquidazione). In caso di rinnovo locali occorre allegare la documentazione relativa ai lavori di ristrutturazione o ammodernamento dei locali (preventivo lavori, c.i.a. o d.i.a. edilizia, permesso di costruire a seconda delle opere).

• Le merci in liquidazione devono essere tenute separate dalle altre e devono essere le stesse indicate nella comunicazione al Comune, senza aggiunta di ulteriori merci.

SEGRETO n. 22: le promozioni sono libere, mentre i saldi, le liquidazioni e i sottocosti sono controllati. Questa distinzione ha un senso: ciò che ha valore deve avere pur sempre un valore!

Offerte, sconti e premi

Le vendite a premio rappresentano una forma di vendita promozionale e consistono in regali finalizzati a indurre il consumatore ad acquistare una certa quantità di prodotto. Questi acquisti sono documentati da tagliandi, bollini, etichette, figurine ecc. Il D.P.R. 430/2001 contempla due casi diversi: i concorsi e le operazioni a premio.

I **concorsi** sono offerte di premi, che verranno assegnati al verificarsi di certe situazioni che possono dipendere dal caso o dalla capacità/abilità del concorrente (es. vince questo premio chi trova la carta fortunata o chi arriva per primo).

Le **operazioni a premio** invece sono offerte di premi rivolte a chi acquista un certo quantitativo di prodotto o un certo prodotto ed è in grado di documentarlo.

Non costituiscono operazioni a premio le promozioni consistenti in sconti di prezzo e quantità aggiuntive dello stesso prodotto acquistato (il classico 3×2 o paghi 1 e prendi 2). A meno che lo sconto offerto non riguardi altri prodotti (ad esempio lo sconto o il buono di 2 euro su un pieno di benzina dentro il fustino della polvere per lavatrice).

Sono operazioni a premio i buoni acquisto (buoni che consentono di acquistare in altri negozi della stessa catena) e le fidelity card (carte fedeltà ormai in uso in ogni supermercato). Non lo sono i buoni sconto per i prodotti acquistati, con detrazione della cifra indicata direttamente alla cassa.

Per le vendite a premio non occorre più l'autorizzazione: basta una comunicazione al Ministero delle Attività Produttive, fatta compilando un apposito modulo, accompagnato dal regolamento della manifestazione e dal versamento della cauzione a garanzia dell'offerta del premio.

Le operazioni tipo lotteria, tombola, riffa, pesca o banco di beneficenza, invece, non possono essere effettuate da privati ma solo dallo Stato, con l'eccezione degli enti morali e delle associazioni senza fini di lucro con scopi assistenziali, culturali, politici, ricreativi e sportivi.

Altro discorso sono le **vendite collegate**, cioè le vendite di beni unitamente ad altri oggetti offerti a un prezzo vantaggioso (ad esempio, il giornale di moda con occhiali da sole, il portapenne per la scuola completo di pastelli, matite ecc.), su cui la Commissione Europea non si è sempre espressa in termini positivi, per motivi di concorrenza.

Si tratta del cosiddetto "bundling" (pacchetto), che può essere puro, se il consumatore è obbligato a comprare il tutto, o misto, se il consumatore può anche comprare i prodotti separatamente.

Ebbene, la Commissione Europea in alcuni casi ha imposto l'unbundling, ovvero lo spacchettamento.

Anche la cessione di campioni gratuiti può dar luogo a problemi di concorrenza se non vengono osservate alcune regole. I campioni devono essere appositamente contrassegnati con marcatura indelebile (la semplice etichetta adesiva non basta) e devono essere di modico valore, oltre che essere effettivamente gratuiti.

Gli omaggi e assaggi gratuiti, in particolare di prodotti alimentari, non presentano problemi se hanno carattere occasionale e sono realmente gratuiti (non devono dunque essere "caricati" sul prezzo dei prodotti principali acquistati). Diversamente occorre la comunicazione di inizio vendita di alimentari o la domanda di autorizzazione per somministrazione, con il relativo possesso dei requisiti professionali per la vendita o la somministrazione di alimenti. Lo stesso discorso vale per preparazioni di caffè, rinfreschi e piccoli ricevimenti nei negozi, a fini promozionali.

SEGRETO n. 23: offerte, omaggi e sconti sono convenienti

per il cliente, ma non per il concorrente; al contrario i premi. Occorre fare un giusto mix di entrambi!

Il field marketing

Il field marketing comprende varie attività promozionali: operazioni di merchandising (presentazione/esposizione, ricambio, ricarico dei prodotti) che non richiedono alcuna comunicazione/autorizzazione comunale; operazioni di tipo pubblicitario (distribuzione di volantini, shop magazine, digital signage ecc.) che richiedono solo il pagamento dell'imposta comunale sulla pubblicità, e operazioni di **in store promotion:** animazioni, concorsi, giochi, regali, buoni sconto, omaggi, assaggi/degustazioni di prodotto (sampling) e allestimenti di piccole strutture mobili, tipo banchetti, per la presentazione di prodotti di marca, con la presenza di hostess o promoter (i teatrini della marca).

Nell'in store promotion rientrano sia i concorsi e le operazioni a premio, i quali, come abbiamo appena visto, richiedono un'apposita comunicazione al Ministero delle Attività produttive, sia le semplici attività promozionali finalizzate alla vendita (come sconti, omaggi, assaggi o i teatrini della marca), che intervengono per orientare il cliente, dare consigli e suggerimenti. Queste ultime non richiedono alcuna comunicazione o autorizzazione, purché siano occasionali ed effettuate a solo titolo espositivo/promozionale.

La vendita di outlet

Nulla è previsto a livello normativo, per ora, per la vendita di outlet, ossia di merci fuori moda. Manca anzitutto una definizione precisa: un progetto di legge propone la dicitura di «merci del settore moda prodotte almeno 12 mesi prima della vendita o che presentano difetti non occulti di produzione».

Di fatto gli esercizi che vendono questi generi (piccoli negozi, centri e parchi commerciali detti outlet stores) trattano articoli fuori moda o rimasti invenduti in altri paesi, difettosi, o, dato l'aumento di domanda dei consumatori, addirittura articoli recenti prodotti appositamente per lo smercio outlet. E non è tutto, poiché praticano sconti tutto l'anno e in più i saldi di fine stagione, con ulteriori sconti e inevitabili problemi di concorrenza.

È anche diffusa la vendita di outlet tramite community,

comunioni di consumatori che si iscrivono a un'associazione per acquistare capi firmati e di marca con forti sconti, anche su internet; all'interno di queste community sono anche previsti premi per i soci che fanno iscrivere altri consumatori.

Certo è necessaria quanto prima una regolazione del settore per tutelare sia i consumatori, sia la concorrenza. Nel frattempo possono ben valere le norme sul Codice del consumo, che richiedono correttezza, trasparenza, chiarezza nell'indicazione del tipo di merce e dei prezzi. La vendita di outlet non deve essere appositamente comunicata al Comune con i ribassi di prezzo.

Cosa occorre per vendere l'usato

La vendita dell'usato ha visto negli ultimi anni un ulteriore aumento rispetto al passato: dalle auto ai mobili, agli arredi; dall'abbigliamento ai gioielli, sono molti i settori in crescita. Per cominciare questo tipo di commercio, c'è bisogno anzitutto di una dichiarazione di inizio attività di vendita su area privata o un'autorizzazione per la vendita su area pubblica, insieme a una denuncia di inizio vendita dell'usato (che sostituisce l'apposita autorizzazione già prevista dal TULPS: la vecchia "presa d'atto").

La denuncia è richiesta anche per la vendita all'ingrosso.

Occorre un apposito registro per le operazioni di vendita (con indicazione della data, del tipo di oggetto, del prezzo e dell'acquirente) che deve essere vidimato dal Comune. Per i beni di valore esiguo non occorrono né comunicazione, né registro. L'esiguità del valore dipende dagli usi commerciali della zona, ma in genere è riconosciuta fino ai 50 euro.

Idem per gli oggetti d'arte e antiquariato. Beni antichi sono gli oggetti che hanno più di 50 anni; beni di antiquariato sono beni antichi di particolare pregio e, oltre un certo valore, anche di interesse storico-artistico, tutelati come beni culturali dal D. Lgs. 42/2004. Sono compresi pitture, mosaici, sculture, incisioni, stampe, fotografie, libri e manoscritti, spartiti musicali, collezioni di botanica, zoologia e mineralogia, mobili, monete, francobolli.

Non esiste invece alcuna normativa che stabilisca le caratteristiche e le differenze tra merci nuove e usate. Di fatto i beni usati possono essere equivalenti ai beni nuovi (es. una macchina appena immatricolata o un anello appena comprato), ma formalmente non provengono direttamente dalla catena produttore-venditore. Se rigenerati, possono considerarsi beni nuovi a tutti gli effetti (es. toner e cartucce per stampanti, pneumatici, carta ecc.).

Per la vendita di preziosi occorre la licenza della Questura, che può riguardare solo il commercio in sede fissa su area privata, poiché la vendita di preziosi su area pubblica, per specifica disposizione del decreto Bersani, è vietata.

La licenza della Questura occorre anche per gli oggetti d'arte e di antiquariato, che richiedono tra l'altro la consegna al compratore dell'attestato di autenticità o di provenienza e l'annotazione della vendita su apposito registro. La Questura provvede poi a informarne la Regione e la Soprintendenza ai beni culturali.

Il baratto

Tra gli esercizi che vendono l'usato sono emersi di recente gli **swap stores**, di origine inglese, che propongono il "neutral shopping" o la compravendita a costo zero. Di cosa di tratta? Si tratta di negozi che consentono ai clienti di scambiare i loro abiti usati (meglio se di marca) con altri abiti usati di altri clienti: una nuova forma di baratto insomma.

I capi, al momento della consegna, sono oggetto di una valutazione e in base a questa danno il diritto di scegliere altri capi di pari valore; in caso di valore eccedente, naturalmente, deve essere pagata la differenza.

Gli swap stores al momento riguardano capi griffati e si rivolgono a una certa clientela, ma la loro logica può ben essere estesa ad altri tipi di abbigliamento o addirittura ad altri tipi di merce. Per questi esercizi, valgono le norme sulla vendita dell'usato e le norme sulle agenzie di affari, per cui occorre la dichiarazione di vendita, la denuncia di vendita dell'usato e la dichiarazione di inizio attività di pubblica sicurezza al Comune.

Come funziona la vendita alla spina

Il problema dell'eccessiva produzione di rifiuti, costituiti in gran parte da contenitori come scatole, pacchi, fustini, flaconi, bottiglie di plastica ecc., ha indotto alcuni commercianti a incrementare la vendita di prodotti sfusi o alla spina. Sono così sorti gli **eco-point**, negozi forniti di distributori, che consentono di acquistare la quantità di prodotto desiderata e di raccoglierla in appositi contenitori biodegradabili e riutilizzabili ogni volta, con un notevole risparmio sul prezzo per il consumatore.

Anche la grande distribuzione si è interessata a questo tipo di vendita, allestendo appositi spazi o locali nei supermercati, per fornire all'occorrenza pasta, riso, caffè, legumi, caramelle, vino e latte, nonché detersivi. Le Regioni hanno sostenuto queste iniziative di tipo ecologico.

Molti produttori agricoli hanno iniziato a installare presso le proprie aziende, e in alcuni casi anche fuori, dei distributori automatici di latte fresco, ossia crudo, appena munto e senza alcun trattamento di pastorizzazione, per fornire un prodotto assolutamente puro, come si usava una volta.

Per avviare una vendita alla spina occorre solo osservare scrupolosamente le norme igienico-sanitarie che riguardano i dispenser, i recipienti, i vari utensili utilizzati e ricordare alcuni limiti particolari posti dalle norme sul confezionamento degli alimentari (D. Lgs. 109/92).

Così, per esempio, gli oli di semi e di oliva devono essere venduti preconfezionati in recipienti ermeticamente chiusi. Lo stesso vale per i surgelati, il miele, i formaggi freschi a pasta filata, come la mozzarella, il burro, la margarina e gli sfarinati. Riguardo alle forme di vendita, valgono le consuete norme sugli esercizi commerciali in sede fissa e sui distributori automatici.

Gli smart shops
Gli smart shops sono negozi in cui si vendono prodotti vegetali, tra cui integratori alimentari e vitamine, e le cosiddette "smart drugs", le droghe furbe, che possono essere di origine vegetale o di sintesi chimica, consistenti per lo più in prodotti stimolanti, ma con effetti anche afrodisiaci e allucinogeni.

Queste sostanze al momento sono di libera vendita, poiché non rientrano tra gli stupefacenti elencati dalla legge sulla droga (D.P.R. 309/90). Tra i vari prodotti di questo genere in vendita presso smart e sex shops troviamo gli energy drinks, bevande a base di caffeina, teina, taurina, sinefrina, ginseng, guaranà, mate e cola, le pastiglie afrodisiache a base di damiana, i liquori a base di assenzio, semi hawaiani e messicani, funghi, profumi per l'ambiente, incensi, popper (nitrito d'amile) e gas esilaranti.

Per alcuni prodotti la magistratura e la normativa nazionale sono già intervenute a vietarne la vendita. È il caso dell'efedrina (di fatto un'anfetamina), della salvia divinorum (allucinogeno che veniva venduto come profumatore per l'ambiente) e del nitrito d'amile, tutti e tre inseriti nell'elenco delle sostanze stupefacenti. Per altri prodotti non esiste ancora una precisa e sicura letteratura scientifica, poiché si conosce ancora poco sui principi attivi e sui possibili effetti sulla salute umana.

Molto dipende anche dalla concentrazione del principio attivo (es. la caffeina concentrata) e dal mix dei vari principi; dunque bisogna attendere i risultati delle ricerche e delle indagini della magistratura. Per una rassegna completa in materia è possibile consultare la pubblicazione a cura del Dipartimento del Farmaco dell'Istituto Superiore di Sanità di Roma sul sito http://www.iss.it/.

SEGRETO n. 24: il confine tra prodotti legali e illegali non è sempre chiaro. Il consiglio è di informarsi bene e chiarirsi le idee su cosa è possibile vendere.

I prezzi e le etichette

Il **Codice del Consumo (D. Lgs. 206/2005)** contiene norme di carattere generale su etichette e prezzi.

Le etichette devono riportare: la denominazione del prodotto, il marchio e la sede legale del produttore, il paese d'origine (se fuori dell'Unione Europea), i materiali o gli ingredienti impiegati, i metodi di lavorazione (se determinanti per le caratteristiche del prodotto), la presenza di sostanze che possano arrecare danno all'uomo, alle cose o all'ambiente, le istruzioni e le eventuali precauzioni per l'uso.

Le informazioni devono essere in lingua italiana. È vietato e punito con sanzioni il commercio di prodotti che non riportano in forma chiara, visibile e leggibile queste informazioni.

Il D. Lgs. 109/92 disciplina in particolare l'etichettatura, il confezionamento e la pubblicità dei prodotti alimentari, richiedendo: la denominazione del prodotto, l'elenco degli ingredienti (compresi gli additivi e gli aromi), la quantità netta di prodotto (calcolata al netto della tara espressa in litri, chili o metri e relativi multipli e sottomultipli), il termine minimo di conservazione (espresso con la dicitura «da consumarsi preferibilmente entro»), la data di scadenza (accompagnata dalla dicitura «da consumarsi entro»), il nome o il marchio del prodotto, la sede del produttore o del confezionatore o del venditore, la sede dello stabilimento di produzione e confezionamento, il lotto di appartenenza del prodotto, il volume di alcool negli alcolici, le modalità di conservazioni e di uso, il luogo di origine o di provenienza.

Per i prodotti sfusi si devono usare appositi cartelli applicati ai recipienti, con l'indicazione della denominazione del prodotto e degli ingredienti usati.

Ci sono poi altre leggi speciali da tenere in considerazione. Per esempio il D. Lgs. 41/97 sui giocattoli, che richiede i dati del fabbricante, l'avviso per l'uso e il montaggio, l'età dei bambini che possono utilizzarli e il marchio CE sulla sicurezza del prodotto (marchio obbligatorio senza il quale i giocattoli non possono essere venduti, salvo incorrere in pesanti sanzioni).

Il D.P.R. 107/98 sugli elettrodomestici richiede i dati del fabbricante, del modello, della classe di efficienza energetica (dalla A alla G), il consumo di energia elettrica espresso in kW e il marchio obbligatorio CE.

La L. 713/86 sui cosmetici obbliga a indicare i dati del produttore, la quantità di prodotto, la data di scadenza o il periodo di validità dopo l'apertura, il lotto, gli ingredienti, le indicazioni ed eventuali controindicazioni, con divieto di fare ogni tipo di riferimento a caratteristiche terapeutiche.

Altre norme tutelano i prodotti tipici o tradizionali della cultura di un paese, specie quelli italiani, che recano sulle etichette i marchi riconosciuti a livello comunitario: DOP o DOC (denominazione di origine protetta o controllata), IGP (indicazione geografica protetta) o STG (specialità tradizionale garantita).

Riguardo ai prezzi, il decreto Bersani prevede anzitutto l'obbligo di indicare al pubblico in modo chiaro e ben leggibile il prezzo di vendita di tutte le merci esposte sia negli esercizi commerciali che su area pubblica, mediante cartelli o altre modalità idonee allo scopo (display, marcature, etichette, bollini ecc.).

Il Codice del Consumo prevede l'obbligo di indicare sui prodotti (alimentari e non alimentari) sia il **prezzo di vendita** (prezzo finale comprensivo dell'IVA e di ogni altra imposta) sia il **prezzo per unità di misura**, ossia il prezzo al chilo, al litro o al metro.

Il prezzo per unità di misura non deve essere indicato se riguarda prodotti venduti al pezzo, al collo o alla confezione, i prodotti erogati dai distributori automatici e quelli monodose. Per i prodotti sfusi invece non occorre il prezzo di vendita, ma solo quello per unità di misura. I prezzi dei carburanti, espressi per unità di misura, devono essere esposti in modo visibile già dalla strada.

Le farmacie possono non indicare i prezzi dei farmaci, che sono stabiliti dal Ministero della Sanità, ma devono indicare i prezzi per tutti gli altri generi venduti. Stesso discorso anche per i tabaccai, che sono esentati da questo obbligo solo per i generi di monopolio.

I prezzi dovrebbero essere uguali per tutti i consumatori, ma è nella libera iniziativa dell'esercente riservare prezzi di favore a clienti tesserati, soci o associati. In questo caso infatti è come se facesse un'attività promozionale e le vendite promozionali sono state liberalizzate dalla L. 248/2006.

SEGRETO n. 25: etichette e prezzi costituiscono il punto di riferimento del consumatore; per dirigere i consumi devono essere chiari e precisi.

Le schede telefoniche

In base al decreto Bersani sul commercio, per vendere le schede telefoniche non occorre presentare una dichiarazione di vendita. Questa legge infatti riguarda solo l'acquisto e la rivendita in nome e per conto proprio di "merci" e le schede telefoniche non possono configurarsi come delle merci in senso proprio: sono piuttosto delle tessere che rendono possibile la fruizione di un servizio di comunicazione elettronica. Il loro prezzo non è riferito al supporto plastico con cui si presentano, ma al servizio che permettono.

Per l'apertura di un phone center, come per le agenzie di affari, occorre invece fare una denuncia di inizio attività di pubblica sicurezza.

RIEPILOGO DEL GIORNO 5:

- SEGRETO n. 21: artigiani, industriali e professionisti non hanno limiti né disposizioni per quanto riguarda l'orario di vendita, i commercianti sì. Non siamo ancora giunti alla liberalizzazione degli orari.

- SEGRETO n. 22: le promozioni sono libere, mentre i saldi, le liquidazioni e i sottocosti sono controllati. Questa distinzione ha un senso: ciò che ha valore deve avere pur sempre un valore!

- SEGRETO n. 23: offerte, omaggi e sconti sono convenienti per il cliente, ma non per il concorrente; al contrario i premi. Occorre fare un giusto mix di entrambi!

- SEGRETO n. 24: il confine tra prodotti legali e illegali non è sempre chiaro. Il consiglio è di informarsi bene e chiarirsi le idee su cosa è possibile vendere.

- SEGRETO n. 25: etichette e prezzi costituiscono il punto di riferimento del consumatore; per dirigere i consumi devono essere chiari e precisi.

GIORNO 6:

Come si vende in modo "speciale"

Nella maggior parte dei casi si ritiene di assoluta importanza osservare il comportamento del cliente, che viene definito attraverso una serie di studi, di ricerche, di indagini, di interviste e via dicendo. In questo modo si può capire che cosa il consumatore medio acquista d'impulso o di fretta, cosa acquista per induzione, per imitazione, per abitudine, cosa acquista con metodo e scrupolo e cosa invece per semplice comodità, e, in base a questi risultati, approntare le soluzioni più congeniali.

È così che si sono imposte le cosiddette forme speciali di vendita, che consistono in un sistema di messaggi e accorgimenti appropriati per facilitare l'adesione del cliente, in base ai suoi comportamenti tipici. Ed è a questa facilità che occorre prestare attenzione.

Il D. Lgs. 114/98 prevede cinque forme speciali di vendita: gli spacci interni, gli apparecchi automatici, la vendita per corrispondenza, attraverso la televisione o altri sistemi di comunicazione (compreso il commercio elettronico) e la vendita al domicilio dei consumatori, rinviando alle leggi speciali la regolamentazione degli inconvenienti del sistema.

La vendita a domicilio

La vendita a domicilio è in linea generale una forma di vendita promozionale. Serve all'azienda produttrice per far conoscere meglio il proprio prodotto attraverso una serie di esposizioni, spiegazioni e dimostrazioni presso il domicilio dei consumatori.

È in genere attuata tramite collaboratori, tipo agenti/rappresentanti di commercio, commessi viaggiatori, incaricati o dipendenti che, illustrate le caratteristiche del prodotto, richiedono la firma di un ordinativo che ha valore di proposta di contratto soggetta ad approvazione dell'azienda.

Non mancano forme di vendita per conto proprio effettuate da ditte individuali (spesso di extracomunitari), che acquistano una serie di prodotti per poi rivenderli di casa in casa ai consumatori.

La vendita a domicilio **non riguarda solo i commercianti, ma anche e soprattutto i produttori** (artigiani o industriali) di alcuni generi particolari come libri ed enciclopedie, mobili, apparecchiature varie per la casa o per la persona (tipo attrezzi ginnici ed elettromedicali, casalinghi e cosmetici) e i fornitori di energia elettrica e gas.

Per la vendita porta a porta effettuata direttamente dalla ditta individuale non occorrono molte formalità: a seguito della Direttiva Bolkestein, basta una semplice **dichiarazione di inizio vendita** al Comune in cui si intende avviare l'attività (può essere il Comune di residenza o anche un Comune diverso in cui ci sono più opportunità di smercio e di guadagno).

Per la vendita o la presentazione/offerta di prodotti, effettuata tramite incaricati, agenti o dipendenti, occorre ugualmente una dichiarazione di inizio vendita al Comune in cui si è avviata l'attività (può essere il Comune in cui si trova l'azienda produttrice/fornitrice, l'ufficio operativo della società o della ditta individuale, o anche un Comune diverso).

Nella dichiarazione bisogna indicare che ci si avvale per la vendita di propri incaricati; mentre l'elenco degli incaricati, in possesso dei requisiti morali per il commercio, nonché di tesserino di riconoscimento, deve essere trasmesso alla Questura, al Commissariato di Polizia o al Sindaco.

Il tesserino di riconoscimento deve essere numerato, aggiornato annualmente, riportare nome, cognome e fotografia dell'incaricato, logo dell'impresa, nome e firma del responsabile dell'impresa; deve essere esibito non solo dagli incaricati ma anche dall'imprenditore stesso che decida di autoincaricarsi per la vendita a domicilio.

C'è molta confusione tra vendita a domicilio, consegna a domicilio e vendita ambulante.

La **vendita ambulante o itinerante** è una vendita su area pubblica, che si svolge in genere presso i mercati cittadini, occupando un posteggio momentaneamente libero per assenza del titolare, mentre la vendita a domicilio è una vendita presso luoghi privati chiusi, luoghi privati aperti al pubblico o luoghi pubblici.

La **consegna a domicilio** è una fase successiva alla vendita e occorre vedere in quale luogo si è conclusa quella vendita: se la vendita si è conclusa al domicilio del consumatore, si tratta indubbiamente di una vendita a domicilio; se la vendita si è conclusa in negozio o al mercato, si tratta di vendita su area privata o pubblica.

Così per esempio il negoziante che consegna a casa le bombole del gas non deve presentare alcuna comunicazione di vendita a domicilio, ma una comunicazione di vendita su area privata. In questo caso l'ordinativo delle bombole avviene infatti in negozio, anche se il pagamento avviene materialmente alla consegna a casa.

Discorso analogo vale per la consegna a domicilio di prodotti di gastronomia, pizza e simili. Anche in questo caso occorre fare riferimento all'attività principale: se si tratta di un'attività artigianale di gastronomia, pizza al taglio, kebab ecc., svolta in appositi locali, non occorre la comunicazione di vendita a domicilio (la vendita è libera): è sufficiente la d.i.a. sanitaria.

Diversa invece è l'attività di **somministrazione a domicilio**, ovvero il catering o il banqueting: per queste attività occorre una d.i.a. per somministrazione. L'attività di catering comporta il preparare o il servire dei piatti preparati al domicilio o nei locali del consumatore, come la mensa aziendale o scolastica. Il banqueting comporta la preparazione di piatti, la fornitura di tavoli, sedie, banchetti, tovagliato e posateria e il servizio ai tavoli, in occasione di matrimoni, rinfreschi, buffet e ricevimenti in genere.

Altra particolarità della vendita a domicilio è che **non riguarda solo i beni ma anche i servizi**. La **legge 173/2005** precisa infatti che questa consiste sia nella vendita al dettaglio, sia nell'offerta di beni e servizi (esclusi solo i prodotti e servizi di una certa delicatezza come quelli finanziari e assicurativi e i contratti per la costruzione, la vendita e la locazione di immobili, per cui valgono le discipline specifiche in materia immobiliare, bancaria, finanziaria e assicurativa).

La legge stabilisce inoltre che questo tipo di vendita **può avvenire non solo nel domicilio classico del consumatore** (la sua abitazione, per intenderci), ma anche in altri luoghi in cui il consumatore si trovi, anche temporaneamente, per motivi personali, di lavoro, di studio, di intrattenimento e di svago: quindi anche nell'ufficio, nel negozio, in palestra, in un luogo di cura, al museo, al cinema o in discoteca.

La vendita a domicilio ha perso molto terreno negli anni, per quanto di per sé sia molto efficace, essendo basata sulla relazione personale con il cliente e sulla presenza e i modi dell'incaricato, le sue capacità di comunicazione e persuasione. Troppi si sono improvvisati venditori, attuando tecniche di vendita molto spregiudicate.

SEGRETO n. 26: speciale è chi più si avvicina al cliente e ai suoi bisogni, non chi avvicina il prodotto al cliente. La vendita a domicilio può essere più lontana dal cliente di una vendita a distanza!

Già il decreto Bersani richiamava in materia le disposizioni sui contratti negoziati fuori dei locali commerciali. Si tratta della famosa legge 50/92 sul "ripensamento" per gli acquisti fatti assecondando le suggestive tattiche dei venditori porta a porta. Una legge basilare per il consumatore, che sancisce il diritto a una chiara informazione e il diritto di recesso, inclusa nel Codice del Consumo.

Il Codice del Consumo riguarda tutta una serie di aspetti relativi alla vendita – dall'informazione sul prodotto, alle pratiche commerciali scorrette, ingannevoli, aggressive, coercitive o condizionanti, sino alle clausole contrattuali vessatorie – e tratta diffusamente del **diritto di recesso**.

Il consumatore ha il diritto, irrinunciabile, di recedere dal contratto, dopo aver avuto una completa informazione per iscritto su tale diritto, senza alcuna penalità e senza specificare il motivo, entro il termine di 10 giorni lavorativi dalla sottoscrizione dell'ordine, se è stato mostrato un certo prodotto/servizio, o dal ricevimento della merce, se è stato mostrato un prodotto diverso da quello oggetto del contratto.

Per il recesso basta inviare una comunicazione mediante raccomandata con ricevuta di ritorno al fornitore. La comunicazione può essere anticipata per fax o posta elettronica, ma non sostituita dal fax o dal messaggio di posta elettronica. Il recesso comporta lo scioglimento del contratto e delle obbligazioni delle parti, con il rimborso della somma pagata dal consumatore, nel minor tempo possibile e in ogni caso entro 30 giorni dalla comunicazione di recesso, e la restituzione del bene ricevuto, purché in condizioni di integrità o in normale stato di conservazione.

Le spese per la restituzione del bene sono a carico del consumatore se ciò è espressamente previsto nel contratto. Lo scioglimento non ha effetto per i servizi già prestati, in caso di contratti di servizi, poiché questi non possono essere restituiti.

Ma non è tutto: la legge 173/2005 contiene anche disposizioni per tutelare il consumatore dalle **forme piramidali di vendita**.

Che cosa sono le vendite piramidali?

Sono una specie di vendite multilivello ovvero vendite con induzione del consumatore all'ulteriore vendita a persone di sua conoscenza.

Il consumatore insomma viene indotto/incentivato a diventare egli stesso venditore del prodotto, allettato dalla prefigurazione di un guadagno fantastico, in percentuale al numero di prodotti venduti. I suoi clienti, a loro volta, saranno allo stesso modo incentivati a vendere ad altri soggetti e così via, fino a creare un commercio su diversi livelli di vendita: il c.d. "multilevel marketing" o "network marketing" (commercio a più livelli o a rete di vendita).

Le vendite multilivello sono lecite, in quanto ciò che conta sono la vendita del prodotto e il guadagno in base alla quantità di prodotti venduti. Le vendite piramidali invece sono tese non tanto alla vendita di prodotti, quanto al reclutamento di più persone possibile.

Queste persone devono pagare una quota di adesione al sistema, dei costosi corsi o materiale di formazione, devono frequentare una certa cerchia di persone, partecipare a raduni e convegni che hanno quasi l'aria di sette religiose in cui si prospettano favolosi e strabilianti guadagni.

Ciò comporta un certo investimento di denaro per il consumatore, che deve poi recuperare reclutando nuovi aderenti tra familiari, amici e parenti, e un indubbio arricchimento per chi sta ai vertici della piramide.

Le vendite piramidali, dopo una serie di casi giudiziari, sono state vietate dalla L. 173/2005, così come le operazioni tipo giochi e catene di S. Antonio che configurano una possibilità di guadagno attraverso il reclutamento all'infinito di altre persone. Oggi entrambe sono punite come reato con l'arresto da 6 mesi a 1 anno o con l'ammenda da 100.000 a 600.000 euro, salvo il verificarsi di più gravi reati.

La legge ha anche individuato degli elementi caratteristici di queste vendite: il pagamento di una somma per entrare e rimanere nell'organizzazione, l'obbligo di acquistare una serie di prodotti, senza possibilità di restituzione in caso di mancata vendita, e materiali anche didattici non strettamente inerenti e necessari all'attività commerciale e comunque non proporzionati all'attività da svolgere.

Vietate e punite sono sia la promozione che la realizzazione della vendita piramidale; le pene ricadono sugli organizzatori del sistema di vendita, non sugli aderenti, che sono praticamente considerati vittime del sistema.

Se, oltre all'organizzazione di una vendita piramidale, il giudice accerta anche la commissione di un reato più grave, come per esempio la truffa o l'associazione per delinquere, subentra la punizione prevista per il reato più grave.

La vendita per corrispondenza, telefono, radio, computer e tv
Il commercio a domicilio si basa sul contratto ravvicinato, concluso *de visu* con il cliente. L'esatto opposto sono i contratti a distanza tipici di alcune forme di vendita che si avvalgono dei più diversi mezzi di comunicazione: la posta, il telefono, il fax, la televisione, la radio e il computer.

I contratti a distanza sono stati disciplinati in modo parzialmente diverso dal Codice del Consumo. I contratti conclusi per corrispondenza o comunque in base a un catalogo consultato dal consumatore, senza la presenza del venditore, sono stati assimilati ai contratti conclusi al domicilio del consumatore e quindi disciplinati come **contratti conclusi fuori dei locali commerciali**. Gli altri sono stati disciplinati come **contratti a distanza** veri e propri.

Ma perché questa differenza? Perchè nella corrispondenza una serie di informazioni vengono già date per iscritto e il consumatore può decidere di acquistare e di aderire al contratto per iscritto, dopo aver valutato la convenienza del prodotto o del servizio.

I contratti ovvero le vendite per corrispondenza, così come le vendite a domicilio, possono riguardare tutti i tipi di beni e servizi, ma il Codice non disciplina (non tutela) i contratti per la costruzione, la vendita e la locazione di immobili, i contratti di assicurazione, i contratti di strumenti finanziari (per questi valgono le discipline specifiche in materia immobiliare, bancaria, finanziaria e assicurativa), i contratti di fornitura di generi alimentari o di uso domestico consegnati a scadenze regolari, i contratti di importo inferiore a 26 euro IVA compresa.

Riguardo ai contratti a distanza, il Codice non disciplina i quelli relativi alla costruzione e vendita di immobili, i contratti conclusi nelle vendite all'asta, mentre disciplina i servizi finanziari. Per i contratti a distanza, dunque, la tutela per il consumatore è più ampia; per questo è previsto che anche alle vendite per corrispondenza si applichino le norme sui contratti a distanza, se più favorevoli per il consumatore.

Per i contratti a distanza, con estensione ai contratti per corrispondenza, il venditore è tenuto a fornire per iscritto, prima della conclusione del contratto, una serie di informazioni sulla propria identità e indirizzo, sulle caratteristiche essenziali del prodotto/servizio, sul prezzo, sulle spese di consegna, sulle modalità di pagamento e consegna, su ogni aspetto dell'esecuzione del contratto (assistenza, garanzia, accessori, ricambi, reclami ecc.), sulla durata dell'offerta, sulla durata minima del contratto (se continuativo) e sul diritto di recesso.

In caso di vendite per telefono occorre specificare lo scopo commerciale della comunicazione.

Non sono consentiti tergiversazioni e ritardi: il venditore deve eseguire l'ordinativo del cliente entro 30 giorni dal giorno in cui questo è stato trasmesso, a meno che abbia esaurito i prodotti o i servizi; in tal caso deve informare per iscritto il consumatore entro 30 giorni e rimborsare le somme eventualmente ricevute.

Per le **forniture non richieste** (peraltro vietate dal decreto Bersani) il consumatore non è tenuto ad alcun pagamento e la mancanza di risposta non implica il consenso del consumatore. È consentito l'invio di campioni di prodotto o di omaggi, senza spese o vincoli per il consumatore.

Tutti i contratti a distanza, anche quelli per corrispondenza, sono soggetti al decreto Bersani. Ciò significa che chi intende concludere contratti tramite i mezzi anzidetti (il commerciante, l'artigiano, l'industriale o il libero professionista, l'agente o il rappresentante di commercio o altro intermediario) deve presentare apposita dichiarazione al Comune in cui viene avviata l'attività (quello in cui si trova la sede operativa o l'ufficio in cui si utilizzano le strumentazioni utili: telefono, fax, computer...) o al Comune in cui si trova l'emittente radiofonica o televisiva che manda in onda le comunicazioni commerciali. Ciò implica che bisogna possedere i requisiti morali per la vendita di generi non alimentari e i requisiti professionali per la vendita di alimentari.

Valgono anche per i contratti a distanza, così come per i contratti a domicilio, le norme del Codice del Consumo sulle pratiche commerciali scorrette, ingannevoli, moleste e aggressive.

Sono **pratiche scorrette** quelle basate su false affermazioni riguardo ai prodotti/servizi propri e altrui o alle proprie qualità, su forniture non richieste o mirate a soggetti particolarmente vulnerabili. Sono senz'altro scorrette quelle ingannevoli e aggressive.

Le **pratiche ingannevoli** contengono informazioni non rispondenti al vero o non complete riguardo al prodotto, il prezzo, l'IVA, la necessità di manutenzione, i rischi per la salute, o che ingenerano confusione con altri prodotti della concorrenza.

È considerata ingannevole la dimostrazione di un articolo difettoso con l'intenzione di promuovere un altro prodotto; la dichiarazione che il prodotto è disponibile a condizioni eccezionali per un periodo molto limitato di tempo, in modo da indurre il consumatore a prendere una decisione immediata; la dichiarazione che un prodotto possa far vincere a giochi basati sulla sorte oppure possa curare malattie, disfunzioni o malformazioni.

Rimane salva la c.d. "vanteria commerciale" consistente in dichiarazioni anche esagerate, ma non destinate a essere prese sul serio o alla lettera (ad esempio «questo gioiello è bellissimo», «è il più bello che si trovi sul mercato», «non ne troverà uno così da nessun altro, comunque non a questo prezzo»).

Le **pratiche aggressive** sono quelle che si avvalgono di molestie, di condizionamenti e coercizioni, in modo da limitare la libertà di scelta del consumatore o da indurlo ad acquistare ciò che normalmente non avrebbe acquistato. Elementi caratteristici sono la persistenza, il ricorso alla minaccia, la prefigurazione di situazioni gravi o spiacevoli in caso di mancato acquisto, le ripetute sollecitazioni di acquisto.

SEGRETO n. 27: più si opera a distanza, più bisogna

impegnarsi per costruire la fiducia del cliente. Alcune pratiche, per quanto avvincenti e suggestive, vanno assolutamente in senso contrario!

Le televendite

La televendita è definita dalla legge (**D. Lgs. 177/2005 - Testo Unico della Radiotelevisione**) come un'offerta a pagamento di beni (anche immobili) e servizi al pubblico attraverso la televisione o la radio.

La televendita si differenzia dalla **telepromozione**, che è una pubblicità televisiva o radiofonica consistente nell'esibizione o illustrazione di un prodotto a fini di vendita, da parte del produttore o del conduttore di un programma.

È il più potente mezzo di comunicazione perché si avvale di immagini, che, se costruite ad arte, sono in grado di catturare la nostra attenzione, di abbassare il nostro livello di guardia e di lasciare una traccia profonda nel nostro inconscio. Per questo è soggetta a una serie di regole a tutela del consumatore, che riguardano il modo di proporsi, il contenuto, la durata e la frequenza.

In base al Testo Unico, la televendita deve essere chiaramente riconoscibile e distinguibile dal resto dei programmi televisivi con mezzi ottici, acustici o spaziali. Può anche essere inserita in un programma, purché non ne pregiudichi l'integrità. Non può essere inserita durante la trasmissione di una funzione religiosa né in programmi per bambini di durata inferiore ai 30 minuti o di cartoni animati. Può essere inserita durante un film dopo 30 minuti di visione.

Le finestre di televendita di durata minima ininterrotta di 15 minuti devono essere chiaramente identificate con mezzi ottici e acustici, così come i palinsesti dedicati esclusivamente alla pubblicità, alle promozioni e alle televendite. Sono vietati i messaggi occulti o subliminali.

Sono vietate le televendite di cure mediche e medicinali per cui è richiesta la prescrizione medica, le televendite di sigarette e prodotti a base di tabacco. Le televendite di bevande alcoliche non devono rivolgersi ai minori, non devono collegare il consumo di alcool a immagini di successo sociale o sessuale, a prestazioni di rilievo, alla guida di automobili, a effetti calmanti o stimolanti o utili per risolvere problemi psicologici.

Le televendite in generale non devono esortare i minori agli acquisti, sfruttando la loro inesperienza o credulità, né spingerli a far leva sui loro genitori, né mostrare altri minori in situazioni pericolose. Sono vietate le televendite che offendono la dignità umana, che comportano discriminazioni di razza, sesso o nazionalità, che offendono convinzioni religiose e politiche e che inducono comportamenti pregiudizievoli per la salute o per l'ambiente.

Il Codice del Consumo dedica alcune norme al "rafforzamento della tutela del consumatore in materia di televendite" e si riferisce in particolare a televendite che abbiano per oggetto sia beni che servizi tra cui consulti di astrologia, cartomanzia e simili, concorsi e giochi tipo pronostici. Non a caso vengono enunciati proprio questi ultimi fenomeni, che hanno segnato un periodo delle emittenti private e destato non poche polemiche e scandali per gli spregiudicati sistemi di vendita e di presentazione, tra cui quelli della Sig.ra Wanna Marchi & associati.

Non a caso un articolo precisa che le televendite devono evitare ogni forma di sfruttamento della superstizione, della credulità o della paura; non devono contenere scene di violenza fisica e morale o comunque tali da offendere il gusto e la sensibilità dei consumatori per indecenza, volgarità o ripugnanza.

E ancora le televendite non devono contenere dichiarazioni o rappresentazioni che possono indurre in errore i consumatori, mediante omissioni, ambiguità ed esagerazioni sulle caratteristiche e gli effetti del prodotto o del servizio, sul prezzo, le condizioni di pagamento e la consegna. È in ogni caso richiesta l'informativa sul diritto di recesso all'inizio e nel corso della televendita.

Da ultimo, il Codice del Consumo precisa che l'emittente televisiva non può essere totalmente estranea alle attività di vendita: deve accertare che il venditore abbia i requisiti morali e professionali per la vendita e indicare durante la trasmissione nome, sede, iscrizione al Registro delle imprese e partita IVA del venditore i cui prodotti sta pubblicizzando.

SEGRETO n. 28: le vendite televisiva ed elettronica investono il mondo immaginario. L'immagine deve essere assolutamente fedele e attendibile; il distacco dalla realtà significa distacco dal cliente!

Il commercio elettronico

Potrebbe trattarsi di commercio effettuato mediante un qualunque apparecchio elettronico, per esempio un cellulare o una ricetrasmittente, ma la legge con questo termine vuole riferirsi solo al commercio tramite computer, l'elaboratore elettronico in grado di ricevere e inviare dati in collegamento con altri elaboratori.

Non si tratta di un collegamento locale o nazionale, ma di un collegamento o meglio di una rete mondiale, la "rete delle reti", internet, che comprende il world wide web, ovvero l'insieme di siti o pagine web contenenti informazioni di ogni tipo e su ogni oggetto di interesse e link ad altri oggetti simili.

Chiunque può accedere a internet per soddisfare una molteplicità di interessi (informazione, aggiornamento, comunicazione, pagamenti e commercio), con qualunque tipo di computer e con vari tipi di connessione, a seconda delle proprie esigenze. Chiunque può creare un proprio sito, diventando non solo fruitore ma anche operatore della rete, e tutto questo anche rimanendo comodamente a casa propria.

Sono queste caratteristiche (facilità, comodità e possibilità di interagire con tutto il mondo) che hanno permesso al commercio elettronico di avere un'espansione sempre maggiore da 30 anni a questa parte. E proprio alla luce di queste caratteristiche, la Commissione Europea ha fornito una nozione ampia di commercio elettronico, facendovi rientrare la vendita di beni e servizi, la distribuzione di contenuti digitali, le operazioni finanziarie e di borsa, le gare d'appalto della Pubblica Amministrazione.

Tutto può diventare commercio e apparire, come fosse in vetrina, su un sito web, 24 ore su 24. Non è cosa di poco conto per una qualunque attività economica che voglia utilizzare internet sia in via esclusiva, sia in via complementare rispetto ai modi consueti di smercio.

Il produttore può vendere direttamente i propri prodotti/servizi ad altre imprese o al consumatore finale, senza servirsi di intermediari o di catene di negozi. Il commerciante può rivendere merci senza bisogno di avere un negozio tradizionale e un magazzino, con indubbio risparmio sulle spese di gestione del locale e del personale addetto alla vendita: deve solo occuparsi del sistema più congeniale di trasporto.

Per alcuni generi, come libri e software, internet consente lo scambio quasi immediato tra prezzo e prodotto, e anche gli inconvenienti di trasporto sono eliminati.

Il decreto Bersani, elaborato alla fine degli anni Novanta, non poteva dire molto su questo fenomeno; solo il **D. Lgs. 70/2003** ne ha disciplinato alcuni aspetti giuridici, in base a una Direttiva Europea. Per operare su internet il decreto Bersani richiede, al pari delle televendite o di altri sistemi di comunicazione a distanza, una dichiarazione al Comune in cui si intende avviare l'attività, in pratica al Comune in cui si trova l'ufficio con i computer e gli altri strumenti di lavoro necessari.

Nella dichiarazione si può indicare il sito già attivato o ancora in fase di costruzione. Sta naturalmente all'imprenditore, in base alle proprie esigenze e possibilità, scegliere tra una connessione a internet diretta o indiretta, ovvero tramite provider (fornitore d'accesso), tra l'attivazione di un sito o la riserva di un dominio, tra la creazione in proprio delle pagine web e l'incarico a un professionista che si occupi di tutto.

Ognuno può strutturare come meglio crede la propria vetrina virtuale, ma sono obbligatorie per legge alcune informazioni: nome e sede dell'impresa, contatti con l'impresa (telefono fisso o cellulare, fax, indirizzo ordinario e indirizzo di posta elettronica), iscrizione al Registro delle imprese, partita IVA, autorizzazione/licenza/concessione richiesta per il tipo di attività di vendita (ad esempio, per i preziosi, la licenza della Questura), il titolo professionale e, in caso di vendita da parte di professionisti (architetti, geometri, avvocati, ingegneri, medici ecc.), il relativo ordine d'appartenenza, prezzi e tariffe di beni e servizi con l'indicazione delle imposte, dei costi di consegna e altre spese aggiuntive, attività consentite al consumatore e gli estremi del contratto.

Per le vendite bisogna evidenziare che si tratta di comunicazione commerciale; per le vendite o le offerte straordinarie bisogna evidenziare che si tratta di vendita promozionale, di omaggi o di concorsi/operazioni a premio. Se non si tratta di vendite in proprio, bisogna indicare l'impresa o la persona per conto della quale si vende.

Da ricordare poi che, in caso di vendita congiunta sia al dettaglio che all'ingrosso, l'operatore on-line può utilizzare un solo sito web, ma deve tenere distinte le aree destinate al commercio all'ingrosso (il business to business) da quelle destinate al commercio al dettaglio (il business to consumer).

Altre informazioni riguardano la conclusione del contratto (le fasi tecniche per concludere il contratto, l'accesso, la stampa e l'archiviazione del contratto, la soluzione delle controversie), l'inoltro dell'ordine, l'invio di ricevuta e il pagamento. L'impresa italiana (posta sul territorio italiano con una stabile organizzazione) si conforma alla disposizioni nazionali, ma è possibile per le parti scegliere la legge applicabile al contratto.

I contratti sono in linea generale efficaci, tranne quelli relativi a beni immobili (esclusa la locazione), diritti di famiglia o di successione, garanzie e contratti che richiedono l'intervento del giudice, di un rappresentante dello Stato/Ente pubblico o del notaio.

Deve essere in ogni caso osservata la normativa sulla protezione dei dati personali, contenuta nel D. Lgs. 196/2003, il cosiddetto Codice della Privacy.

È vietato inviare prodotti al consumatore, se non a seguito di specifica richiesta. Riguardo alle comunicazioni non richieste finalizzate alla vendita (spamming), l'Italia, inizialmente orientata verso il sistema "opt in" (che richiede il consenso preventivo del cliente), si è dovuta adattare alla normativa comunitaria che ha accolto il sistema "opt out" (che consente l'opposizione all'invio di ulteriori messaggi).

In base alla L. 70/2003, le comunicazioni commerciali "non

sollecitate" devono essere identificate come tali e contenere l'avviso che il consumatore può opporsi in futuro ad altre comunicazioni. Ciò consente al destinatario e al provider di eliminare automaticamente i messaggi indesiderati.

Che dire delle aste on-line? Le **aste on-line** sono siti internet che permettono di vendere beni al miglior offerente.

Si tratta naturalmente di aste private (le aste pubbliche possono essere effettuate solo dagli Istituti di vendite giudiziarie, in base alle norme del Codice di procedura civile e della legge fallimentare), vietate dal decreto Bersani sia tramite televisione che tramite internet, con un correttivo della circolare del Ministero delle Attività Produttive del 2002.

Questa circolare, ribadita peraltro da una risoluzione del 2010, precisa che il divieto riguarda i commercianti al dettaglio, che acquistano beni e li rivendono ai consumatori finali; non riguarda i grossisti (che vendono ai dettaglianti), gli artigiani iscritti all'albo che vendono i loro prodotti nei locali di produzione, gli industriali e i produttori agricoli (che non sono intermediari nella distribuzione di beni, ma vendono direttamente al consumatore finale).

Nonostante la precisazione, la circolare è parecchio limitativa delle aste e non in linea con gli altri Paesi europei, in particolare quando distingue tra aste condotte direttamente dal banditore, che pone in vendita beni propri o di terzi, e aste in cui il banditore rimane estraneo, limitandosi a mettere a disposizione il sito per le vendite.

Nel primo caso è ravvisabile la struttura dell'asta, ma nel secondo caso no, poiché non vi è un banditore che aggiudica. L'aggiudicazione avviene automaticamente a favore di chi ha offerto il prezzo più alto al termine del periodo di tempo prestabilito (vedi eBay).

Sta di fatto che per le aste classiche con banditore è richiesta la licenza del Questore (come agenzia di vendita mediante pubblico incanto), che vale per 1 anno e si rinnova annualmente con il pagamento della tassa di concessione governativa. Per le aste senza banditore è richiesta l'iscrizione nel ruolo degli agenti di affari in mediazione presso la Camera di Commercio.

Occorrono poi delle informazioni minime sul sito: i dati anagrafici del banditore o del soggetto che mette a disposizione il sito, i dati anagrafici dei soggetti che partecipano alle aste, l'informativa sullo svolgimento dell'asta, le informazioni sui beni (marca, modello, stato ecc).

Il contratto si conclude con l'aggiudicazione che vincola l'acquirente e il venditore; al contratto si applica la legge dello Stato in cui si trova il venditore con una stabile organizzazione.

Il D. Lgs. 70/2003 prevede alcuni sistemi per rendere più affidabili le transazioni su internet:

- I codici di condotta, che possono essere adottati da organizzazioni di imprese, professionisti e consumatori per migliorare le pratiche e gli usi nel commercio elettronico.
- I giudici arbitrali per la soluzione delle controversie, che possono essere incaricati a livello nazionale ed europeo, previa comunicazione alla Commissione Europea.
- Il punto di contatto nazionale del Ministero delle Attività

Produttive, che fornisce informazioni su diritti e obblighi contrattuali, reclami e ricorsi, su associazioni o organizzazioni che possono assistere in caso di controversie, su decisioni di giudici e arbitri in materia di commercio elettronico.

- Il dovere dei provider di informare l'autorità giudiziaria o amministrativa sulle attività/informazioni illecite di cui vengono a conoscenza e sui soggetti che le conducono, attraverso i vari servizi che erogano (accesso alla rete o "mere conduit"; trasmissione di informazioni con memorizzazione automatica temporanea per il successivo inoltro ad altri soggetti o "caching"; memorizzazione di informazioni o "hosting"). Il dovere di informazione non comporta un obbligo generale di sorveglianza sulle informazioni trasmesse o memorizzate.

- Le sanzioni amministrative per inosservanza delle norme sulle informazioni obbligatorie e per lo spamming, consistenti nel pagamento di una somma che può andare da 103 a 10.000 euro, di competenza della polizia amministrativa e giudiziaria.

- I provvedimenti autoritativi dell'autorità giudiziaria, amministrativa o indipendente di settore, che possono limitare/bloccare la circolazione di beni e servizi per motivi di ordine pubblico, salute e sicurezza pubblica, tutela dei consumatori.

La dichiarazione al Comune non è il solo adempimento da fare a livello pubblico. Dipende anche dai locali utilizzati per operare. L'impresa produttrice avrà locali conformi alle varie disposizioni previste per gli stabilimenti industriali nei vari settori di produzione; l'artigiano avrà il proprio laboratorio conforme alle norme urbanistico-edilizie e igienico-sanitarie; il professionista potrà utilizzare un apposito locale come studio o la propria abitazione. Ma che dire del commerciante?

Nessun problema se il commerciante dispone già di un locale di vendita e si avvale di internet come ulteriore canale di smercio. Se invece un locale del genere non esiste, può comunque essere necessario un locale di deposito per le merci.

Per i depositi, bisogna considerare i generi di vendita. Se si tratta di generi alimentari, occorre presentare all'ASL (o al Comune, che la inoltrerà poi all'ASL) una d.i.a. sanitaria; per i generi non alimentari, occorre una d.i.a. sanitaria solo se il deposito ha una superficie complessiva superiore a 400 mq.

Se il deposito è destinato alle auto, questo si configura come autorimessa privata, per cui il locale deve essere conforme alla normativa urbanistico-edilizia, igienico sanitaria e sulla prevenzione incendi per una capienza superiore a 9 autoveicoli.

L'uso del deposito può essere limitato al periodo strettamente necessario all'attività, con contratti di self-storage (affitto di locali a uso magazzino e deposito), o anche eliminato con il drop-shipping: si tratta di un sistema di vendita che consente al venditore on-line di pubblicizzare, promuovere e concludere i contratti con i clienti, che riceveranno poi i prodotti o i servizi dal produttore/fornitore.

Il venditore in pratica si trasforma in un raccoglitore di ordinativi per il produttore, che dispone dell'organizzazione necessaria e quindi anche dei locali di deposito e dei mezzi di trasporto o spedizione. Il pagamento avviene a favore del venditore, che trattiene la sua percentuale di guadagno e versa la differenza al produttore. L'attività, simile a quella dell'agente o rappresentante di commercio, a questo punto si concentra sulla pubblicizzazione e promozione del prodotto/servizio e sulla fidelizzazione del cliente.

Ciò comporta l'impostazione di un certo tipo di messaggi, l'aggiornamento continuo del sito e il dialogo con i clienti. Il messaggio è fondamentale: se è originale e interessante, sarà in grado di catturare l'attenzione di più persone, che a loro volta coinvolgeranno altre persone e così via, come in una sorta di contagio virale. È questa l'idea-base del viral-marketing.

SEGRETO n. 29: il commercio elettronico è un commercio che si avvale di un mezzo "personale" e personale deve essere il suo linguaggio.

Gli spacci interni

Gli spacci interni sono locali di vendita riservati a una particolare clientela, quindi non aperti al pubblico indistinto dei consumatori. Si tratta di locali allestiti presso scuole, ospedali, caserme, cinema, teatri, musei, alberghi, campeggi, associazioni, circoli privati e strutture simili. I locali non devono necessariamente essere dentro le strutture, potendo anche essere vicini o adiacenti, ma **non devono essere accessibili dalla pubblica via**.

L'accesso deve essere riservato solo a determinate categorie di persone: agli studenti, nel caso della scuola; ai militari, nel caso delle caserma; alle persone che hanno pagato il biglietto d'entrata, nel caso dei cinema, dei teatri e dei musei; alle persone ricoverate o albergate, nel caso di ospedali o alberghi; ai soci/associati che sono regolarmente iscritti al circolo o all'associazione. Diversamente si tratta di normali esercizi commerciali di vendita.

Non sono sempre spacci interni gli spacci aziendali, pur essendo interni all'azienda; questi infatti possono essere riservati ai dipendenti dell'azienda o essere aperti al pubblico, come gli spacci di outlet stores e i flagship stores, negozi allestiti dalle imprese produttrici per presentarsi direttamente al pubblico senza intermediari (tipici dei marchi famosi che intendono richiamare l'attenzione sul prodotto di qualità e di livello).

Ugualmente non sono spacci interni i negozi che si trovano all'interno delle stazioni ferroviarie o degli aeroporti; questi sono esercizi commerciali normali a tutti gli effetti, con il vantaggio di non essere vincolati a orari di apertura/chiusura e di non dover seguire le procedure previste per i centri commerciali.

I locali di vendita all'interno dei musei possono essere o non essere aperti al pubblico: se accessibili solo per le persone che visitano il museo, pagando il biglietto d'entrata, sono spacci interni; diversamente, se accessibili al pubblico indistinto dalla pubblica via, a prescindere dalla visita al museo, sono normali esercizi commerciali.

Questi locali sono a volte gestiti direttamente dalle amministrazioni pubbliche che si occupano dei musei, ma sovente troviamo forme di gestione indiretta tramite concessione a istituzioni, imprese commerciali, fondazioni, associazioni e società costituite o partecipate in misura prevalente dalle amministrazioni pubbliche. La concessione deve avvenire a seguito di una gara pubblica e deve essere regolata da un contratto di servizio.

Negli ospedali sono consentiti esercizi di somministrazione con relativa vendita interna di generi alimentari a servizio delle persone ricoverate e delle persone presenti temporaneamente per far loro visita, come anche distributori automatici di alimenti e bevande, ma non spacci di altro genere. I locali per la vendita di medicinali o di articoli sanitari si trovano fuori degli ospedali, per ovvi problemi di igiene e di accesso continuo di pubblico. Stesso discorso vale per i poliambulatori, al cui interno non si possono trovare spacci di medicinali, articoli sanitari, parafarmacie o erboristerie.

Riguardo alle cooperative di consumo, bisogna distinguere due ipotesi. La cooperativa di consumo classica, che acquista beni a condizioni più vantaggiose e li rivende in apposito locale esclusivamente ai propri soci, può operare come spaccio interno. Se il locale invece è aperto a tutti, soci e non soci, si tratta di un normale esercizio commerciale che ricomprende in sé anche lo spaccio interno.

In questo caso non occorrono due locali separati con accessi distinti, uno per i soci e un altro per i non soci, né occorrono due dichiarazioni diverse, per lo spaccio e per l'esercizio commerciale: può sussistere un unico locale, con unico ingresso, con la semplice dichiarazione di apertura di esercizio commerciale o l'autorizzazione per media/grande struttura di vendita.

Per l'apertura di uno spaccio interno occorre una dichiarazione di inizio attività al Comune in cui si trova la struttura con i locali di vendita; i locali di vendita devono rispettare le norme igienico-sanitarie e urbanistico-edilizie, mentre non devono avere una destinazione d'uso commerciale, facendo parte di strutture che hanno destinazione d'uso diversa.

Per gli spacci aziendali aperti al pubblico non occorre dichiarazione al Comune: la vendita può essere effettuata direttamente dal produttore al consumatore.

Per gli esercizi commerciali delle cooperative di consumo (supermercati o ipermercati) occorre ovviamente la destinazione d'uso commerciale.

I distributori automatici

I distributori automatici velocizzano ed economizzano le operazioni di vendita sia per l'impresa che per i consumatori: evitano all'impresa di essere presente entro una struttura pubblica o privata (ospedali, scuole, amministrazioni pubbliche, banche, palestre ecc.) con un locale apposito e del personale dedicato, che richiedono notevoli spese di investimento e di gestione; evitano al consumatore perdite di tempo nella scelta tra numerosi prodotti e code alla cassa, consentono un certo risparmio sul prezzo del prodotto e un'indubbia comodità sul posto di lavoro, di studio, di cura, di ricreazione o di svago.

Nel distributore automatico la vendita si conclude con l'inserimento delle monete o delle banconote richieste e l'erogazione del prodotto.

L'erogazione di bevande come thè, caffè ecc. concreta sempre una vendita e non una somministrazione, a meno che nel locale o corner ove si trovano i distributori siano presenti anche tavoli, sedie e altre attrezzature per il consumo sul posto. La legge, infatti, intende per "somministrazione" il servizio di alimenti e bevande per il consumo sul posto, con la predisposizione di un'attrezzatura tipica: tavoli, sedie, banconi, tovagliato, posateria, frigo, macchinette per il caffè, scaldavivande ecc. Questo servizio richiede un'apposita autorizzazione per la somministrazione.

Per l'installazione di distributori automatici presso terzi o presso la propria azienda, occorre una dichiarazione al Comune in cui si trovano i soggetti terzi o in cui si trova la propria azienda. Per 10 clienti in 10 Comuni diversi, occorrono 10 comunicazioni diverse; non occorre invece ulteriore comunicazione per installare altri distributori presso lo stesso cliente.

Se il distributore insiste su suolo pubblico, occorre pagare la tassa di occupazione del suolo pubblico; se è collocato al di fuori dell'esercizio dell'impresa (ad esempio, fuori da una farmacia) a filo del muro o della vetrina, senza appoggio sul suolo pubblico, occorre il permesso del proprietario dell'edificio.

Per l'installazione di distributori in apposito locale aperto al pubblico occorre una dichiarazione di apertura di esercizio commerciale al Comune in cui si trova il locale (al pari di qualunque altro negozio); se lo stesso locale è attrezzato per il consumo sul posto, occorre l'autorizzazione per somministrazione (al pari di un bar).

In caso di vendita di alimentari, alla d.i.a. commerciale occorre allegare anche la d.i.a. sanitaria? Certo! La d.i.a. sanitaria va inviata all'ASL/Comune dove si trova il laboratorio o il deposito. In mancanza di questi, va inviata all'ASL/Comune dove si trova la sede legale della società o della ditta individuale.

Non è obbligatorio avere un deposito, ma, se questo c'è, bisogna rispettare le norme igienico-sanitarie previste per legge. Le norme igieniche valgono anche per gli apparecchi automatici, che devono essere in materiale facile da pulire e disinfettare, a temperatura adeguata per gli alimenti contenuti all'interno e lontani da fonti di calore.

Esistono poi disposizioni particolari per alcuni prodotti. Innanzitutto è vietata la vendita di alcolici, di qualsiasi gradazione, tramite distributori automatici, poiché sussiste il pericolo di acquisto da parte di minori e alcolizzati. L'unica eccezione è consentita qualora sul posto sia presente il personale dell'impresa, che eviti di vendere le bevande alcoliche ai minori di anni 16 e alle persone che si trovano in stato di manifesta ubriachezza, stante il divieto posto dagli artt. 689 e 691 del Codice penale.

Altri divieti sono stati posti dalla magistratura e dal Testo Unico sulle sostanze stupefacenti per i dispenser di smart drugs con effetti nocivi per la salute.

Riguardo ai distributori automatici di latte crudo (appena munto e non pastorizzato), i cosiddetti milk snack's, la L. 168/89 li consente ai produttori solo presso le proprie aziende, mentre le leggi regionali li consentono anche al di fuori, purché vengano osservate scrupolosamente le norme igienico-sanitarie. Inoltre i dispenser devono indicare chiaramente che il latte va consumato dopo la bollitura ed entro 3 giorni dall'acquisto.

Ai distributori automatici di gadget e piccoli giocattoli per bambini si applica il decreto Bersani sul commercio (e quindi si richiede la d.i.a. commerciale) o il Testo Unico sulle Leggi di Pubblica Sicurezza (TULPS) sugli apparecchi da gioco (e quindi si richiede la licenza di pubblica sicurezza)? Il Ministero dello Sviluppo Economico ha precisato che, se si può ottenere un gioco specifico inserendo la moneta o il gettone, che rappresenta il corrispettivo del bene, si tratta di distributore automatico soggetto alla disciplina del commercio.

Diversamente, se si può ottenere il gioco in modo casuale, aleatorio o per abilità (ad esempio tramite gli apparecchi elettromeccanici tipo gru, pesca di abilità e simili), si tratta di apparecchio da gioco soggetto alla disciplina del TULPS.

SEGRETO n. 30: negli spacci interni e nei distributori automatici, la vicinanza al cliente impone di soddisfare delle grosse esigenze: comodità e immediatezza, servizi disponibili ed efficienti.

RIEPILOGO DEL GIORNO 6:

- SEGRETO n. 26: speciale è chi più si avvicina al cliente e ai suoi bisogni, non chi avvicina il prodotto al cliente. La vendita a domicilio può essere più lontana dal cliente di una vendita a distanza!

- SEGRETO n. 27: più si opera a distanza, più bisogna impegnarsi per costruire la fiducia del cliente. Alcune pratiche, per quanto avvincenti e suggestive, vanno assolutamente in senso contrario!

- SEGRETO n. 28: le vendite televisiva ed elettronica investono il mondo immaginario. L'immagine deve essere assolutamente fedele e attendibile; il distacco dalla realtà significa distacco dal cliente!

- SEGRETO n. 29: il commercio elettronico è un commercio che si avvale di un mezzo "personale" e personale deve essere il suo linguaggio.

- SEGRETO n. 30: negli spacci interni e nei distributori automatici, la vicinanza al cliente impone di soddisfare delle grosse esigenze: comodità e immediatezza, servizi disponibili ed efficienti.

4

GIORNO 7:

Come funziona la sanzione commerciale

Sospensione, revoca e chiusura

Il commercio che non si svolge conformemente alle regole comporta due tipi di conseguenze: da una parte le sanzioni amministrative, dall'altra i provvedimenti di revoca dell'autorizzazione, di sospensione e chiusura dell'attività.

Per il commercio su aree private e pubbliche il Comune può disporre (facoltà) la **sospensione dell'attività** fino a 20 giorni come sanzione accessoria, nel caso siano già intervenute una sanzione amministrativa per un'infrazione di particolare gravità oppure due per la stessa violazione in un anno (recidiva).

La **revoca dell'autorizzazione** è disposta (obbligo) se l'esercente su un'area pubblica o quello di una media o grande struttura di vendita perde i requisiti morali e se è già intervenuta la sospensione dell'attività per inosservanza delle norme igienico-sanitarie.

236

Per l'esercente di un esercizio di vicinato, invece, è disposta la **chiusura**. Quindi interviene la revoca se esiste un atto formale di autorizzazione; interviene la chiusura se tale atto manca ed esiste una semplice dichiarazione di inizio attività.

La chiusura, inoltre, è disposta per ogni tipo di struttura che svolga un'attività abusiva, ovvero operi senza autorizzazione o dichiarazione. In caso di inottemperanza all'ordinanza di chiusura, la Polizia Municipale, a seguito di diffida, provvede alla chiusura con l'apposizione dei sigilli all'entrata e affigge cartelli in cui si indica che il locale è chiuso in applicazione di un'ordinanza di chiusura.

Sospensione, revoca e chiusura sono disposte con ordinanza del Dirigente del Settore Commercio. Contro l'ordinanza si può presentare ricorso al Tribunale Amministrativo Regionale (TAR) entro 60 giorni dalla notifica, o ricorso straordinario al Presidente della Repubblica entro 120 giorni. È anche possibile chiedere la revisione dell'atto per errori di fatto o di diritto; in tal caso l'Amministrazione interviene in autotutela, con l'annullamento.

Le sanzioni amministrative

Le sanzioni amministrative richiedono un discorso più complesso. Ci sono anzitutto molteplici sanzioni: sanzioni previste dal decreto Bersani, dalle leggi speciali (in particolare in materia igienico-sanitaria), dalle leggi regionali e dai regolamenti comunali.

Bisogna poi tenere conto del fatto che le sanzioni possono essere applicate da varie autorità: dirigenti comunali; ASL, in materia sanitaria; Agenzia delle Entrate, in materia di contributi; Camera di Commercio, in materia di iscrizione al Registro delle imprese, etichettatura dei prodotti, marchio di conformità CE, strumenti metrici, vendita a peso netto; Guardia di Finanza, in materia di accise e licenze UTF.

Normalmente le violazioni vengono rilevate dagli agenti di Polizia Municipale, ma possono intervenire anche gli accertatori dell'ASL, i Carabinieri, gli agenti dei N.A.S. (Nuclei Antisofisticazione e Sanità), gli agenti del Corpo Forestale dello Stato e della Guardia di Finanza.

Il decreto Bersani prevede le seguenti sanzioni:

• Pagamento di una somma da 2.582,28 a 15.493,71 euro per **mancanza di dichiarazione inizio attività per gli esercizi di vicinato e per le forme speciali di vendita; mancanza di autorizzazione per medie e grandi strutture di vendita.** La sanzione può essere applicata anche per incompletezza della dichiarazione (riguardo i requisiti morali e/o professionali, il rispetto delle norme urbanistico-edilizie e igienico-sanitarie, il settore merceologico alimentare o non alimentare, la sede dell'esercizio e la superficie di vendita). La legge infatti non richiede solo il documento, ma anche uno specifico contenuto del documento e prevede la sanzione non espressamente per la mancanza di dichiarazione, ma per la "violazione" degli articoli che riguardano gli esercizi di vicinato e le forme speciali di vendita. La sanzione riguarda l'apertura dell'attività, il trasferimento dell'attività in altro locale e l'ampliamento della superficie di vendita fino a 250 mq.

• Pagamento di una somma da 516,45 a 3.098,74 euro per **inosservanza degli orari e delle giornate di apertura e chiusura degli esercizi; mancata esposizione dei prezzi; inosservanza delle formalità per le vendite straordinarie** (**saldi, liquidazioni, vendite sottocosto); mancata comunicazione di subingresso per acquisto o gerenza d'azienda e di cessazione dell'attività.**

- Pagamento di una somma da 2.582,28 a 15.493,71 euro per **mancanza di autorizzazione di commercio su aree pubbliche; mancanza di permesso dell'autorità preposta in caso di vendita su aree demaniali marittime, aeroporti, stazioni, strade e autostrade**, con la sanzione accessoria della **confisca delle attrezzature e della merce.**

- Pagamento di una somma da 516,45 a 3.098,74 euro per **violazione delle disposizioni comunali che riguardano la misura e l'assegnazione dei posteggi, gli orari, le aree vietate di sosta e vendita.**

- Pagamento di una somma da 2.582,28 a 15.493,71 euro per **mancanza dei requisiti morali e/o professionali, per qualunque forma di vendita.**

Nessuna sanzione è prevista per i produttori agricoli che non abbiano presentato la comunicazione ai sensi del D. Lgs. 228/2001. Anche per loro però è possibile incorrere nella sanzione da 2.582,28 a 15.493,71 euro, ai sensi del decreto

Bersani, per la mancata iscrizione al Registro delle imprese, in quanto l'attività si pone come abusiva.

Le Regioni possono prevedere sanzioni per la vendita all'ingrosso e al minuto nello stesso locale, per gli spacci interni accessibili dalla pubblica via o aperti a tutti, per la vendita di bevande alcoliche tramite distributori automatici, per la mancata comunicazione di subingresso in caso di commercio su aree pubbliche, per il commercio svolto in periodo di sospensione dell'autorizzazione.

Per quanto riguarda i prezzi, il Codice del Consumo prevede:

* Pagamento di una somma da 516,45 a 3.098,74 euro per **chiunque ometta di indicare il prezzo per unità di misura o non lo indichi secondo quanto previsto** dal Codice stesso.
* Pagamento di una somma da 516 a 25.823 euro per **inosservanza delle norme sul contenuto minimo di etichettatura dei prodotti, visibilità e leggibilità**.

La L. 441/81 (sulla vendita a peso netto delle merci) prevede il pagamento di una somma da 154,93 a 516,45 euro per **l'uso di**

241

pesi e misure diversi da quelli stabiliti dalla legge o senza osservare le prescrizioni di legge, cioè senza azzerare la tara.

Per gli adempimenti sanitari, il D. Lgs. 193/2007 prevede:

- per la **mancata presentazione della d.i.a. sanitaria** una sanzione che va da 1.500 a 9.000 euro;

- per il **mancato aggiornamento della stessa d.i.a.** una sanzione da 500 a 3.000 euro;

- per la **mancanza dei requisiti igienici** una sanzione da 250 a 1.500 euro;

- per la **mancanza di procedure di autocontrollo** HACCP una sanzione da 1.000 a 6.000 euro;

- per la **mancata correzione di situazioni inadeguate** riscontrate dall'ASL una sanzione da 1.000 a 6.000 euro.

SEGRETO n. 31: la disciplina sanzionatoria è unica, ma le sanzioni in materia di commercio non sono unicamente di tipo commerciale.

Le sanzioni amministrative derivano da originari illeciti penali, successivamente depenalizzati, e conservano quindi una disciplina penalistica. Le sanzioni amministrative sono state introdotte con le leggi di depenalizzazione, la più consistente delle quali è la **Legge 689/81**.

Prima della depenalizzazione esistevano delle contravvenzioni punibili con l'ammenda (sanzione penale). La legge 689/81 ha fissato per le sanzioni amministrative i principi di carattere generale desunti dal Codice penale e ha disciplinato in maniera dettagliata il procedimento sanzionatorio ripreso anche dal Nuovo Codice della Strada.

Principi fondamentali sono quello di legalità (per cui una sanzione deve essere sempre prevista da una legge statale o regionale), della responsabilità per dolo o colpa (per cui la sanzione si applica solo se c'è stata l'intenzione di trasgredire, o se vi sono state negligenza, imprudenza o imperizia), dell'esclusione di responsabilità per cause di giustificazione (stato di necessità, adempimento di un dovere, legittima difesa), della non trasmissibilità della sanzione agli eredi, della gradualità della sanzione a seconda della gravità dell'infrazione.

SEGRETO n. 32: le sanzioni amministrative seguono i principi penali, sono applicate da autorità amministrative e sono giudicate da giudici ordinari, non amministrativi.

Come si applicano le sanzioni

Le sanzioni richiedono una procedura che si articola in più fasi: l'accertamento del fatto; l'individuazione del trasgressore; la verbalizzazione; la contestazione o notificazione; il pagamento in misura ridotta; il rapporto; il ricorso; l'ordinanza-ingiunzione; l'opposizione all'ordinanza-ingiunzione; la riscossione coattiva.

L'accertamento comporta la **ricerca di informazioni**: si va dalla richiesta di chiarimenti al diretto interessato o a terzi, alla richiesta di documenti o copie di atti, fino alla richiesta di visione dei registri. L'interessato può essere sentito senza bisogno della presenza del suo difensore, perché non si tratta di un interrogatorio.

Il trasgressore, per orientamento della giurisprudenza, non è obbligato a rispondere, in virtù del principio generale dell'ordinamento per cui nessuno è tenuto a rendere dichiarazioni a sé sfavorevoli e non è obbligato a esibire documenti. Non è prevista alcuna sanzione per chi non coopera, a meno che il comportamento non integri un reato, come il rifiuto di fornire le proprie generalità, le false dichiarazioni sulla propria identità o su qualità personali, la violenza, la minaccia o la resistenza a pubblico ufficiale.

L'**ispezione** comporta la diretta visione, osservazione, constatazione dello stato di un luogo o di cose, senza potere di intervento sugli stessi. La legge limita l'ispezione a cose e luoghi, escludendo le ispezioni personali e tra i luoghi esclude quelli di «privata dimora».

La **privata dimora** non va intesa in senso civilistico come luogo in cui una persona soggiorna temporaneamente, ma in senso penalistico come ogni ambiente in cui si esplica la sfera intima e privata di un soggetto. Per la giurisprudenza è privata dimora «ogni luogo usato per abitazione o per lo svolgimento di un'attività di studio, di lavoro, di svago, di commercio, ancorché aperto al pubblico (es. la palestra, il laboratorio, il negozio, il ristorante, lo stabilimento industriale, la sede di un circolo o di un partito), comprese le sue appartenenze (es. cortile, laboratorio, deposito, magazzino, box-auto)».

Dunque l'agente di Polizia Municipale può entrare in un negozio, con il consenso del titolare, e chiedere di visionare il locale, la dichiarazione o l'autorizzazione commerciale, la merce posta in vendita, ma non può pretenderlo, né può procedere a perquisizioni.

La **perquisizione**, sempre limitata a cose e luoghi diversi dalla privata dimora ma più invasiva dell'ispezione, può essere eseguita solo dalla Polizia Giudiziaria previa autorizzazione del giudice.

I rilievi e le altre operazioni tecniche comportano l'effettuazione di misurazioni, disegni, planimetrie, fotografie, riprese di filmati, rilievi di tracce e prelievi di campione anche con l'ausilio di persone tecnicamente qualificate. In caso di **analisi di campioni**, il dirigente del laboratorio deve comunicare all'interessato, tramite lettera raccomandata con ricevuta di ritorno o notifica, l'esito dell'analisi.

Questa comunicazione equivale a contestazione della violazione e l'interessato può chiedere la revisione dell'analisi tramite un consulente tecnico, entro 15 giorni dal ricevimento della raccomandata. La revisione deve essere effettuata presso laboratori autorizzati per legge e del risultato della revisione l'interessato deve essere ugualmente informato con raccomandata r.r. o notifica.

Il **sequestro** è una misura cautelare finalizzata alla confisca, ma diversa da questa: il sequestro comporta un'indisponibilità o privazione temporanea; mentre la confisca prevede un'indisponibilità definitiva di beni, con il trasferimento della proprietà dal privato alla Pubblica Amministrazione.

Il sequestro è funzionale alla confisca nel senso che è finalizzato a impedire che le cose oggetto della futura confisca non esistano più nel momento in cui la confisca verrà effettivamente disposta. A parte la necessità conservativa di materiali, vi è anche la necessità di interrompere il conseguimento di un profitto da parte del trasgressore, di interrompere l'illecito amministrativo e l'agevolazione di altre violazioni.

Il sequestro è collegato alla confisca, quindi può intervenire nei casi in cui questa è prevista. La L. 689/81 prevede la confisca per:

- «le cose che servirono o furono destinate a commettere la violazione»: si tratta della **confisca facoltativa**, relativa alle cose che hanno carattere strumentale al compimento dell'illecito (ad esempio le merci e le attrezzature impiegate per la vendita abusiva);

- «le cose che costituiscono il prodotto della violazione»;

- «i beni la cui fabbricazione, uso, porto, detenzione e alienazione integra la violazione amministrativa»: si tratta qui della **confisca obbligatoria**, relativa alle cose che rappresentano l'utile o il vantaggio conseguente all'illecito (ad esempio la vendita di funghi raccolti in violazione delle norme regionali o di animali abbattuti in violazione delle norme sulla caccia) e alle cose prodotte, impiegate o vendute in violazione alla legge (per esempio la vendita di sostanze tossiche o adulterate).

Il sequestro è sempre facoltativo e può essere eseguito a discrezione dell'agente, a prescindere dal fatto che la confisca sia facoltativa o obbligatoria. C'è un solo caso di sequestro obbligatorio: quello del veicolo (anche l'autoveicolo attrezzato per la vendita) non coperto dall'assicurazione obbligatoria o privo del documento di circolazione.

Il sequestro dovrebbe riguardare solo le cose appartenenti ai destinatari dell'ingiunzione di pagamento, ma nell'immediatezza l'agente può effettuare il sequestro a prescindere dagli accertamenti sulla proprietà dei beni sequestrati; se poi tali beni appartengono a terzi, questi provvederanno a rivendicarli.

Per il sequestro deve essere redatto apposito verbale. Seguono poi la consegna di copia del verbale al soggetto che ha subito il sequestro, l'apposizione dei sigilli alle cose sequestrate, la materiale apprensione delle cose oppure la rimozione, con conseguente ricovero in luogo di custodia. Le spese di custodia sono anticipate dal Comune, che si rivale successivamente sul trasgressore. Le cose deperibili o nocive sono distrutte o vendute e il sequestro riguarda allora il ricavato della vendita.

Il trasgressore può proporre, anche immediatamente, opposizione contro il verbale di sequestro al dirigente dell'amministrazione comunale, che deve decidere entro 10 giorni. In mancanza di decisione, l'opposizione si intende accolta, per cui deve essere disposta la restituzione delle cose sequestrate (la restituzione però non impedisce la successiva confisca).

Se non viene presentata opposizione o se questa non viene accolta, il sequestro rimane fermo fino all'emissione dell'ordinanza-ingiunzione di pagamento (l'ordinanza infatti deve disporre la restituzione delle cose sequestrate, se non sono confiscate).

Ma attenzione: passati 6 mesi dal giorno in cui è stato eseguito, il sequestro perde efficacia e può essere presentata istanza di dissequestro; nemmeno la confisca può più essere disposta una volta trascorsi 6 mesi dal giorno della consegna o della notifica del verbale.

Per le violazioni amministrative che integrano anche reati, l'agente in qualità di pubblico ufficiale è tenuto a presentare denuncia o comunicazione, senza ritardo, al Pubblico Ministero.

Pensate per esempio all'esercente o all'ambulante che vende senza autorizzazione commerciale merci contraffatte, tipo abiti, scarpe, borse con marchi fasulli (realizzando il reato di contraffazione, nonché quello di ricettazione), cd e dvd senza contrassegno SIAE (reato previsto dalla legge sul diritto d'autore), o ancora alimenti alterati, adulterati, sofisticati o tossici.

In caso di reato la legge prevede che, se non è stato effettuato il pagamento in misura ridotta, il giudice penale è competente a decidere sia sulla violazione penale che sulla violazione amministrativa (in virtù della forza attrattiva del processo penale) e ad applicare con la sentenza di condanna anche la sanzione amministrativa. Il pagamento in misura ridotta invece estingue l'illecito amministrativo, per cui il giudice penale non avrà più alcuna competenza in merito, salvo che per il reato.

L'individuazione del trasgressore non è così semplice. Il trasgressore non è solo l'imprenditore (basta considerare i produttori agricoli, tutti coloro che effettuano forme speciali di vendita, i collaboratori e i dipendenti dell'impresa) e non è sempre presente.

Se il trasgressore non è presente, la sua individuazione, non potendo essere effettuata al momento dell'accertamento, verrà effettuata successivamente, a seguito di indagini.

Se invece è presente, l'individuazione avviene attraverso il controllo dei documenti di identità. Non c'è un obbligo generale di tenere con sé un documento di identità; solo in alcuni casi la legge richiede il possesso dei documenti, con l'obbligo di esibirli in caso di controlli (ad esempio la patente per la guida dell'autovettura).

In mancanza di documenti o in presenza di documenti non più validi o scaduti, bisogna fornire le proprie generalità. Il rifiuto di fornire le generalità concreta il reato di cui all'art. 651 c.p. «rifiuto d'indicazioni sulla propria identità personale», mentre le false dichiarazioni concretano i reati di cui all'art. 495 c.p. «falsa attestazione o dichiarazione a un pubblico ufficiale su identità e qualità personali» e all'art. 494 c.p. «sostituzione di persona», ovvero indicazione delle generalità di altra persona per sottrarsi alla sanzione.

Se il trasgressore persiste, l'agente non può accompagnarlo a un ufficio di polizia per l'identificazione, perché ciò è consentito solo agli agenti di polizia giudiziaria, per cui occorre chiamare in aiuto o i Carabinieri o la Polizia di Stato.

Verificate le generalità del trasgressore, si pone la questione della sua capacità: se la violazione è stata commessa da un minore di anni 18, la violazione va riferita e quindi contestata/notificata a colui che esercita la potestà parentale; se è stata commessa da un soggetto incapace di intendere e di volere, va riferita a chi è tenuto alla sua sorveglianza, salva la prova di non aver potuto impedire il fatto.

Negli altri casi di incapacità (ubriachezza, effetto di sostanze stupefacenti, intossicazione cronica da alcool o sostanze stupefacenti) non si procede oltre, salvo che lo stato di incapacità derivi da colpa o sia stato preordinato dal trasgressore.

Oltre alla capacità, la L. 689/81 richiede di accertare anche il dolo o colpa. A riguardo, la Corte di Cassazione si è pronunciata nel senso di una presunzione di colpa a carico dell'autore dell'illecito, per cui l'agente non è tenuto a fornire elementi per la prova della colpevolezza; sta al trasgressore provare di aver agito senza dolo o colpa.

Occorre poi vedere se il soggetto ha agito per proprio conto oppure per ordine di altri soggetti; nel secondo caso risponde in solido della violazione anche la persona che esercita l'autorità, la direzione o la vigilanza nei confronti del trasgressore, se non prova di non aver potuto impedire il fatto.

Se il trasgressore, per commettere la violazione, si è servito di un mezzo altrui (ad esempio un negozio mobile), risponde in solido della violazione anche il proprietario del mezzo, se non prova che lo stesso è stato utilizzato contro la sua volontà.

Se il trasgressore ha agito come rappresentante o dipendente di una persona giuridica o di un imprenditore, nell'esercizio delle proprie funzioni o incombenze, risponde in solido della violazione la persona giuridica o l'imprenditore, e non è ammessa alcuna prova liberatoria, a differenza degli altri casi. Occorre tenere ben presente che il trasgressore, o meglio l'autore della violazione, può essere soltanto una persona fisica (mai una persona giuridica); la persona giuridica può essere soltanto obbligata in solido con l'autore della violazione.

Se la violazione è riconducibile alla persona giuridica (poniamo il caso che l'agente trovi aperto di notte un negozio con distributori automatici, che appartiene a una società), nel verbale, il trasgressore viene identificato con il rappresentante legale, l'amministratore, il socio o il dipendente chiamato a rappresentare giuridicamente la società nei rapporti con terzi e quindi anche con la Pubblica Amministrazione.

Nelle società di persone la rappresentanza legale è riferita: a tutti i soci nelle società semplice e in nome collettivo; ai soci accomandatari nelle società in accomandita semplice e in accomandita per azioni; all'amministratore delegato o unico nelle società per azioni e nelle società a responsabilità limitata.

Il trasgressore può agire da solo o in concorso con altri soggetti. Il concorso sussiste quando più persone commettono insieme una violazione (es. l'occupazione abusiva di un posteggio al mercato da parte di due esercenti). In tal caso la sanzione è applicabile a tutti coloro che hanno realizzato l'illecito. Occorre però che ognuno partecipi con consapevolezza, ovvero con la coscienza e la volontà di realizzare l'illecito. In questo caso la sanzione per intero deve essere pagata singolarmente da tutti i concorrenti; la sanzione pagata da un solo concorrente non estingue l'obbligazione.

Spesso la figura del concorrente viene confusa con quella del responsabile solidale, ma, per distinguerli, basta solo fare attenzione a questi particolari:

- Sono **responsabili in solido** dei soggetti che non hanno realizzato, né hanno contribuito a realizzare, l'illecito (si tratta di una responsabilità oggettiva derivata dagli artt. 1292 e seguenti del Codice civile, intesa a rafforzare il credito in favore della Pubblica Amministrazione). Il vincolo della solidarietà comporta che l'Amministrazione può rivolgersi al trasgressore o all'obbligato in solido e il pagamento da parte di uno estingue l'obbligazione e libera l'altro.
- I **concorrenti** sono responsabili, ognuno per conto proprio, in quanto hanno realizzato o contribuito a realizzare un illecito;

l'Amministrazione può, anzi deve, rivolgersi a tutti i concorrenti e il pagamento da parte di un concorrente non estingue l'obbligazione e pertanto non libera tutti gli altri.

Il concorso di persone non va confuso con il concorso di illeciti, che può essere formale o materiale. Il **concorso formale** ricorre quando con una sola azione o omissione uno stesso soggetto compie più illeciti amministrativi, violando più volte la stessa disposizione (concorso omogeneo) o violando più disposizioni diverse (concorso eterogeneo).

Ad esempio il commerciante che vende armi o preziosi senza licenza della Questura sia in negozio, che su internet: in questo caso abbiamo un concorso formale omogeneo. Altro esempio: il commerciante che vende senza autorizzazione e, per di più, lo fa in area pubblica vietata: in questo caso abbiamo un concorso formale eterogeneo.

Quando più illeciti sono commessi con una sola azione o omissione la legge prevede un trattamento mitigato: il cumulo giuridico, per cui il trasgressore soggiace alla sanzione prevista per la violazione più grave, aumentata fino al triplo, anziché alla sanzione derivante dalla somma aritmetica degli importi delle varie violazioni (cumulo materiale). Tuttavia se il cumulo materiale si profila più favorevole per il trasgressore, si applicherà questo in luogo del cumulo giuridico, analogamente a quanto avviene in campo penale (anche se questo principio non è previsto espressamente dalla L. 689/81).

Per determinare quale sia la violazione più grave si guarda alla sanzione prevista per legge: è più grave l'illecito per il quale la legge prevede il massimo di sanzione più elevato o, a parità di massimo, il maggior minimo. Ad esempio, tra la sanzione da 10 a 150 euro e la sanzione da 20 a 100 euro, è più grave la prima; tra la sanzione da 40 a 150 euro e la sanzione da 50 a 150 euro, è più grave la seconda).

La sanzione più grave può essere aumentata fino al triplo (e non del triplo) tenuto conto dei criteri generali previsti dalla L. 689/81: personalità e condizioni economiche del trasgressore, opera svolta per attenuare le conseguenze della violazione.

Il **concorso materiale** ricorre quando con più azioni o omissioni uno stesso soggetto compie più illeciti amministrativi. La L. 689/81 non disciplina questo caso, per cui occorre riferirsi alla disciplina penale, che prevede il cumulo materiale delle sanzioni: somma aritmetica delle sanzioni previste per le varie violazioni.

La ripetizione di illeciti nel tempo concreta invece la **recidiva**, con le conseguenze che la legge stabilisce caso per caso.

Il verbale documenta sia l'accertamento che la contestazione. Il verbale in generale deve essere predisposto subito, al momento in cui viene constatata l'infrazione; se però l'accertamento si presenta difficoltoso, può essere predisposto dopo un certo tempo.

Il verbale deve contenere:
- la data e l'ora, il luogo, il nominativo dell'agente, le generalità del trasgressore, le generalità dell'obbligato in solido;
- gli eventuali estremi del veicolo con i dati del proprietario e del conducente;
- l'indicazione del fatto e delle norme violate, insieme all'indicazione della sanzione e dell'importo dovuto per il

pagamento in misura ridotta e l'eventuale sanzione accessoria;

- le eventuali **dichiarazioni del trasgressore**: il trasgressore ha diritto di far inserire nel verbale le proprie dichiarazioni sull'illecito (si tratta della prima forma di difesa che la legge gli riconosce);

- la **firma del trasgressore**: il trasgressore non è obbligato a sottoscrivere; in caso di rifiuto non succede nulla, il verbale è perfettamente valido e l'accertatore non deve far altro che dare atto del suo rifiuto nel verbale;

- la firma dell'agente verbalizzante e quella dell'obbligato in solido;

- l'indicazione dell'autorità amministrativa che dovrà applicare la sanzione; i rimedi contro il provvedimento definitivo di applicazione della sanzione (opposizione/ricorso).

Tra tutti questi elementi, costituiscono cause di invalidità del verbale: la mancata o l'erronea indicazione dell'autorità competente a decidere il ricorso; la mancata o inesatta o erronea esposizione dei fatti; la mancata o inesatta o erronea indicazione delle modalità di estinzione della violazione mediante il pagamento in misura ridotta. Occhio dunque al contenuto del verbale! Il verbale è un atto pubblico con una particolare efficacia cosiddetta "privilegiata".

Ciò significa che il verbale fa piena prova, fino a querela di falso, oltre che della provenienza dal pubblico ufficiale che lo ha redatto, anche delle dichiarazioni delle parti e dei fatti attestati dal pubblico ufficiale. Il giudice è vincolato dal suo contenuto: non può esprimere un convincimento diverso rispetto a ciò che risulta dal verbale.

La querela di falso è l'unico strumento per contestare la corrispondenza tra situazione reale e contenuto del verbale e può essere proposta solo davanti a un giudice, non in sede amministrativa. A ogni modo ciò non pregiudica il diritto di difesa del cittadino, che può far valere le sue ragioni con ogni mezzo di prova, né può impedire al giudice di valutare l'esattezza delle operazioni eseguite e dei relativi risultati.

Inoltre non tutto del verbale ha efficacia privilegiata, per esempio ciò che il pubblico ufficiale non sia stato in grado di osservare e percepire direttamente in prima persona o tutto ciò che abbia percepito con dei margini di incertezza o ricavato con ragionamenti logico-deduttivi e gli eventuali apprezzamenti.

La contestazione consiste nella comunicazione dell'infrazione amministrativa al trasgressore e può avvenire in due modi: immediatamente, all'atto dell'accertamento, con la consegna di copia del verbale al trasgressore e obbligato in solido, o successivamente all'accertamento con la notifica del verbale.

La contestazione, se possibile, deve essere immediata; diversamente occorre procedere con la notifica. Per la notifica del verbale è previsto il termine di 90 giorni dall'accertamento per i residenti in Italia e 360 per i residenti all'estero; la notifica fuori termine comporta l'estinzione dell'obbligazione del pagamento della somma dovuta.

Le notificazioni si intendono validamente eseguite quando siano fatte alla residenza, al domicilio o alla sede del trasgressore.

Contro il verbale non è ammesso il ricorso al giudice (sovente si incorre in questo errore): questa possibilità è infatti

prevista solo contro i verbali per violazioni al Codice della Strada. Si può però proporre opposizione all'ordinanza-ingiunzione.

SEGRETO n. 33: i verbali in materia di commercio non sono come quelli del Codice della Strada, anche se formalmente sono simili: il ricorso al giudice non è ammesso.

Il pagamento in misura ridotta rappresenta una sorta di composizione della vertenza per evitare il procedimento sanzionatorio. Si tratta di un vero e proprio diritto del trasgressore, che però va esercitato entro il termine stabilito di 60 giorni e nella misura dovuta. Il pagamento libera il trasgressore e l'obbligato in solido, evita il pagamento della sanzione per intero e le sanzioni accessorie.

SEGRETO n. 34: il pagamento immediato è un diritto del trasgressore ed è la via più breve per evitare la sanzione.

Se non è avvenuto il pagamento in misura ridotta l'agente deve presentare rapporto all'autorità competente ad applicare la sanzione: il dirigente dell'amministrazione comunale - Settore Commercio, con la prova della contestazione (copia del verbale consegnato) o della notificazione, a meno che, come si è visto, la violazione integri anche un reato. In tal caso viene trasmesso tutto al giudice penale.

Per la giurisprudenza, tutto questo deve avvenire con celerità, ossia senza attendere il decorso del termine di 60 giorni per il pagamento in misura ridotta. Il trasgressore, entro 30 giorni dalla contestazione o dalla notifica del verbale, può infatti far pervenire al dirigente dell'amministrazione comunale degli scritti difensivi o chiedere di essere sentito personalmente. Il dirigente potrebbe quindi trovarsi a dover ricevere scritti difensivi e ad ammettere audizioni personali relativi a procedimenti sanzionatori di cui ignora l'esistenza.

L'ordinanza-ingiunzione costituisce il provvedimento finale con cui si applica la sanzione amministrativa, dopo aver valutato gli atti precedenti: il verbale di accertamento, il verbale di contestazione, il rapporto, gli eventuali scritti difensivi e dopo aver sentito eventualmente il trasgressore che abbia chiesto l'audizione personale.

L'applicazione della sanzione deve tenere conto della gravità della violazione (questa si desume dall'intenzionalità del trasgressore nel commettere la violazione, dall'entità del danno arrecato, dalle circostanze in cui il trasgressore ha agito), dell'opera svolta per l'eliminazione o attenuazione delle conseguenze della violazione (questa può consistere nella cessazione di un'attività abusiva, nel ripristino dello stato dei luoghi, nel risarcimento del danno arrecato), della personalità del trasgressore (comportamento prima, durante e dopo la violazione; qualità sociali e morali, grado di istruzione, capacità intellettiva) e delle sue condizioni economiche. In certi casi può essere applicata una sanzione dello stesso importo del pagamento in misura ridotta.

Con l'ordinanza viene disposta anche la confisca o la restituzione dei beni sequestrati, previo pagamento delle spese di custodia. La notifica dell'ordinanza avviene come la notifica del verbale.

Il pagamento della somma dovuta deve avvenire entro 30 giorni (60 giorni per i residenti all'estero) dalla notifica presso l'ufficio indicato nell'ordinanza; decorso il termine, senza presentare opposizione, l'ordinanza diventa titolo esecutivo, cioè consente di procedere con l'esecuzione forzata.

Il Comune in genere si avvale di un concessionario per la riscossione coattiva della somma. Questi iscrive il debito in un registro (il c.d. ruolo) ed emette un nuovo atto di richiesta di pagamento della sanzione, più gli interessi e le spese di procedura: la cartella esattoriale. In caso di mancato pagamento procede con il pignoramento e la vendita dei beni. È possibile chiedere la rateizzazione del pagamento.

Il diritto a riscuotere la somma-importo della sanzione si prescrive in 5 anni dal giorno in cui è stata commessa la violazione; a seguito di interruzione inizia a decorrere un nuovo periodo di prescrizione. Concreta interruzione della prescrizione ogni atto con cui l'amministrazione fa valere la sua pretesa alla riscossione della somma dovuta a titolo di sanzione.

Contro l'ordinanza-ingiunzione l'interessato può proporre opposizione davanti al giudice ordinario (non il giudice amministrativo): il giudice di Pace o il giudice unico del Tribunale del luogo in cui è stata commessa la violazione (giudice di Pace per cause relative a beni mobili di valore fino a 5.000 euro; Tribunale per il resto), entro 30 giorni dalla notificazione.

Il giudice decide con sentenza di rigetto o di accoglimento: se rigetta l'opposizione, condanna al pagamento della sanzione e delle spese processuali; se l'accoglie, annulla l'ordinanza-ingiunzione in tutto o in parte o la modifica.

Contro la sentenza è possibile proporre appello (al giudice superiore: Tribunale o Corte d'Appello) e ricorso per Cassazione, rispettivamente entro 30 ed entro 60 giorni dalla notifica.

SEGRETO n. 35: è importante seguire la procedura: una buona parte di cause si vince o si perde per errori di procedura!

RIEPILOGO DEL GIORNO 7:

- SEGRETO n. 31: la disciplina sanzionatoria è unica, ma le sanzioni in materia di commercio non sono unicamente di tipo commerciale.

- SEGRETO n. 32: le sanzioni amministrative seguono i principi penali, sono applicate da autorità amministrative e sono giudicate da giudici ordinari, non amministrativi.

- SEGRETO n. 33: i verbali in materia di commercio non sono come quelli del Codice della Strada, anche se formalmente sono simili: il ricorso al giudice non è ammesso.

- SEGRETO n. 34: il pagamento immediato è un diritto del trasgressore ed è la via più breve per evitare la sanzione.

- SEGRETO n. 35: è importante seguire la procedura: una buona parte di cause si vince o si perde per errori di procedura!

Conclusione

Spesso la maggior parte dell'attenzione si concentra sulla produzione di beni e servizi, mentre la distribuzione passa in secondo ordine. Posto che il prodotto debba essere accuratamente delineato in tutti i suoi aspetti (qualità, costi di produzione, sicurezza, estetica, economicità e pubblicità), la messa in commercio riguarda solo più un problema di smistamento e di consegna.

Il commercio viene considerato una semplice attività intermediaria nella circolazione di beni, in sé perfettamente idonei a soddisfare i consumatori. Questa è una visione semplificata e riduttiva del commercio, che invece richiederebbe qualche approfondimento in più.

Il consumatore non può certo valutare a monte la bontà e la convenienza di più prodotti, né può conoscerne tutte le caratteristiche: il commerciante deve conoscere e scegliere per il consumatore e soprattutto informarlo. Conoscere e informare sono le attività essenziali che evidenzia anche il Codice del Consumo, mettendole al primo posto quando parla di "educazione del consumatore".

Aprire un'attività commerciale significa aprirsi a queste nuove e imprescindibili esigenze: la professionalità, oltre che nei requisiti previsti dalla legge, sta soprattutto in questo.

Il locale commerciale classico è ancora un buon punto di riferimento per il consumatore, ma si fa strada velocemente il negozio virtuale, la vetrina internazionale in cui si possono vedere e confrontare prodotti provenienti da tutto il mondo. L'orientamento, le rassicurazioni, la garanzia e la fidelizzazione del cliente diventano a questo punto fondamentali, ma una cosa non deve essere dimenticata: non si può "legare" se non si coglie il "legame".

Siamo abituati a pensare alle cose come sostanze distaccate da noi, ma queste sono invece espressione e materializzazione della stessa energia che pervade tutto, anche noi, anche le nostre idee. Aprire un'attività significa anche aprirsi a concetti più profondi e non fermarsi alla superficialità delle cose. Siamo legati immancabilmente alle cose che attiriamo con i nostri pensieri e i legami con queste non si sciolgono se non quando le trasmettiamo. Siamo ciò che vendiamo.

Gli antichi Romani erano assolutamente consapevoli di questo, tanto che nelle vendite usavano speciali formule di distacco, che servivano a porre fine a un attaccamento e a crearne uno nuovo, formule che col tempo si sono perse, lasciando però una traccia indelebile nell'inconscio collettivo. Dobbiamo solo ricordare.

A quei tempi era tutto ritualizzato e compiuto in presenza del pubblico e del divino; ogni minima cosa aveva la sua importanza ed era posta al centro dell'attenzione di tutti. Al rituale è seguita la normativa, una sconfinata normativa… e una minuziosa burocrazia che ci fanno perdere di vista le nostre tracce. Solo uno speciale collegamento materiale ci può ricondurre sulla giusta strada per realizzare la più speciale forma di vendita.

Vendere significa creare uno spettacolo a cui tutti vogliono assistere, in cui ciascuno vuole che ci sia qualcosa che valga, qualcosa che meriti, quel qualcosa che Joe Vitale esprime come esprimevano i Romani nel brocardo: «Aude aliquid dignum!»

Tania Di Massimantonio

Siti e normativa

Siti di consultazione della normativa

www.normattiva.com (utilissimo per avere sott'occhio la normativa aggiornata, con tutte le modifiche intervenute)

www.parlamento.it

www.sviluppoeconomico.gov.it/ (utilissimo per le circolari e le risoluzioni in materia di commercio)

www.salute.gov.it (utile per le circolari e le risoluzioni in materia sanitaria e sicurezza dei prodotti)

www.ambientediritto.it (per la normativa e gli approfondimenti giuridici)

www.altalex.com

Normativa Generale sul commercio

D. Lgs. 114/98 (Decreto Bersani di riforma del commercio)

L. 248/2006 (Legge Bersani sulle liberalizzazioni)

L. 69/2009 (Semplificazione amministrativa in attuazione della Direttiva 2006/123 CE, "Direttiva Bolkestein", sui servizi del mercato interno)

D. Lgs. 59/2010 (Attuazione della Direttiva 2006/123/CE)

D. Lgs. 206/2005 (Codice del Consumo)

L. 173/2005 (Vendita a domicilio e vendite piramidali)

D. Lgs. 177/2005 (Testo Unico della Radiotelevisione)

D. Lgs. 70/2003 (Aspetti giuridici del commercio elettronico)

D. Lgs. 196/2003 (Codice della Privacy)

L. 633/1941 e L. 248/2000 (Legge sul diritto d'autore)

L. 433/85 (Legge sull'artigianato)

D. Lgs. 228/2001 (Produttori agricoli)

L. 287/91 (Normativa sui pubblici esercizi di somministrazione)

R.D. 773/1931 (Testo Unico delle Leggi di Pubblica Sicurezza, TULPS)

R.D. 635/1940 (Regolamento di attuazione del TULPS)

D.P.R. 311/2001 (Semplificazione delle procedure del TULPS)

R.D. 1265/1934 (Testo Unico sulle Leggi Sanitarie, TULS)

L. 283/62 e D.P.R. 327/80 (Igiene degli alimenti)

D. Lgs. 155/97 (Igiene dei prodotti alimentari – "Direttiva Igiene" confluita nel "Pacchetto Igiene" – Regolamento 852/2004 CE)

D. Lgs. 193/2007 (Controlli in materia di sicurezza alimentare)

D. Lgs. 109/92 (Etichettatura e confezionamento di alimenti)

D. Lgs. 181/2003 (Etichettatura e pubblicità degli alimentari)

D. Lgs. 114/2006 (Ingredienti nei prodotti alimentari)

Regolamento CE 1334/2008 (Additivi alimentari)

Regolamento CE 1935/2004 (Materiali a contatto con gli alimenti)

Regolamento CE 834/2007 (Etichettatura di prodotti biologici)

Regolamento CE 510/2006 e 1898/2006 (Denominazione d'origine dei prodotti agricoli e alimentari)

D. Lgs 41/97 (Sicurezza ed etichettatura dei giocattoli)

L. 713/86 (Etichettatura dei cosmetici)

D.P.R. 107/98 (Etichettatura degli elettrodomestici)

L. 833/73 (Etichettatura dei prodotti tessili)

D. Lgs. 24/2002 (Garanzie sui beni di consumo)

D.P.R. 218/2001 (Vendite sottocosto)

L. 449/97 e D.P.R. 430/2001 (Operazioni a premio)

Pratiche giuridiche e contabili

D. Lgs. 88/93 (Riforma societaria)

R.D. 267/1942 e D. Lgs. 169/2007 (Legge Fallimentare)

D.P.R. 633/1972 (I.V.A.)

L. 215/2005 (Registratori di cassa)

L. 244/2007 - Finanziaria 2008 (Regime contabile speciale per le piccole imprese)

L. 388/2000 (Regime contabile speciale per le nuove imprese)

Pratiche edilizie

D.P.R. 380/2001 (Testo Unico sull'edilizia, TUE)

L. 73/2010 (Interventi di edilizia libera)

L. 1150/1942 (Legge Urbanistica)

L. 10/77 (Legge Bucalossi sull'edificabilità dei suoli)

D. Lgs. 152/2006 (Codice Ambiente)

D. Lgs. 42/2004 (Codice dei Beni Culturali)

L. 765/1967 (Norme in materia urbanistica e sui parcheggi)

L. 122/89 (Legge sui parcheggi pubblici)

L. 13/89 e D.M. 236 del 14.06.1989 (Norme sulle barriere architettoniche)

D. Lgs. 139/2006 (Norme sulla prevenzione incendi)

L. 447/95 (Legge quadro sull'inquinamento acustico)

Pratiche commerciali

L. 241/90 (Procedimenti amministrativi)

D.P.R. 445/2000 (Documentazione amministrativa)

D. Lgs. 267/2000 (Testo Unico sugli Enti Locali, TUEL)

L. 40/2007 (Comunicazione unica)

D. Lgs. 112/98 e L. 133/2008 (Sportello unico attività produttive)

D.P.R. 159/2010 (Sportello unico attività produttive)

D.P.R. 160/2010 (Agenzia delle imprese)

L. 122/2010 (Segnalazione certificata di inizio attività)

L. 191/2009 - Finanziaria 2010 (DURC)

D. Lgs. 507/93 (Imposte sulle pubbliche affissioni, iniziative pubblicitarie e occupazioni di suolo pubblico)

D. Lgs. 504/95 (Testo Unico sulle Accise, TUA)

L. 689/1981 (Legge di depenalizzazione)

Stranieri

D. Lgs. 286/98 (Testo Unico sull'Immigrazione, TUI)

L. 94/2009 (Immigrazione straniera)

D. Lgs. 206/2007 (Riconoscimento delle qualifiche professionali straniere)

Normativa di settore

D.M. 37/88 allegato 9 (Generi annessi per farmacie, tabaccherie e distributori di carburante)

L. 1293/1957 (Organizzazione dei servizi di distribuzione e

vendita dei generi di monopolio)

L. 10/73 (Liberalizzazione della vendita del sale)

L. 108/99 (Nuove norme in materia di punti vendita per la stampa quotidiana e periodica)

D. Lgs. 170/2001 (Riordino del sistema di diffusione della stampa quotidiana e periodica)

D. Lgs. 32/98 (Distributori di carburante)

L. 110/75 (Controllo di armi, munizioni ed esplosivi)

L. 7/2000 (Nuova disciplina del mercato dell'oro)

L. 125/59 (Commercio all'ingrosso di prodotti ortofrutticoli, ittici e delle carni)

D. Lgs. 286/94 (Produzione di carni e macellazione degli animali)

D.P.R. 495/97 (Produzione e commercio di carni di volatili da cortile)

D.P.R. 309/98 (Produzione e commercio di preparati di carne)

D. Lgs. 531/92 (Produzione e commercio dei prodotti della pesca)

D. Lgs. 530/92 (Produzione e commercio di bivalvi vivi)

D. Lgs. 65/93 (Produzione e commercio di uova)

D.P.R. 54/97 (Produzione e commercio di latte e prodotti a base di latte)

L. 169/89 (Trattamento e commercializzazione del latte)

D.P.R. 502/98 (Lavorazione e commercio del pane)

D.P.R. 187/2001 (Produzione e commercio di sfarinati e paste alimentari)

L. 265/99 (Orari attività di panificazione)

Regolamento CE 1580/2007 e 1221/2008 (Norme di conformità per i prodotti ortofrutticoli)

L. 352/93 e D.P.R. 376/95 (Funghi)

L. 752/85 (Tartufi)

L. 99/1931 (Erbe officinali)

D. Lgs. 169/2004 (Integratori alimentari)

D. Lgs. 110/92 (Alimenti surgelati)

L. 82/2006 (Produzione e vendita di vini e aceti)

D.P.R. 309/90 (Legge sugli stupefacenti)

D. Lgs. 214/2005 (Semi, piante ecc.)

D.P.R. 320/54 (Animali d'affezione)

L. 150/92 e L. 874/75 (Animali in via di estinzione)

D.P.R. 320/54 (Regolamento di Polizia veterinaria)

www.ingramcontent.com/pod-product-compliance
Lightning Source LLC
Chambersburg PA
CBHW071537200326

41519CB00021BB/6521